Hanns-Günter Wolf (Hg.)
Musiktherapie und Trauma

Schriften aus dem
Institut für Musiktherapie
am freien musikzentrum münchen e. V.

Beiträge zur Musiktherapie Band 10

freies musikzentrum
münchen e. V.

Hanns-Günter Wolf (Hg.)

Musiktherapie und Trauma

15. Musiktherapietagung am
Freien Musikzentrum München e. V.
(3.–4. März 2007)

zeitpunkt musik
Reichert Verlag Wiesbaden 2007

Bibliografische Information Der Deutschen Bibliothek
Die Deutsche Bibliothek verzeichnet diese Publikation in der Deutschen Nationalbibliografie;
detaillierte bibliografische Daten sind im Internet über http://dnb.ddb.de abrufbar.

Gedruckt auf säurefreiem Papier
(alterungsbeständig – pH 7, neutral)

www.reichert-verlag.de
ISBN: 978-3-89500-608-1

Printed in Germany

Inhalt

Einführung

Hanns-Günter Wolf

Die Arbeit mit traumatisierten Menschen ist in den letzten Jahren verstärkt in das Interesse der Psychotherapie gerückt. Neuere Erkenntnisse aus Neurologie und Neurobiologie zeigen, dass für diese Patienten andere therapeutische Zugänge notwendig sind und somit Therapeutinnen ihre Arbeitsweise umstellen müssen. Neue Therapierichtungen und methodische Zugänge prägen das Feld: EMDR, Imaginationstechniken, Stabilisierungsarbeit etc. gehören für die Arbeit mit traumatischen Klienten zum Handwerkszeug.
Innerhalb der musiktherapeutischen Landschaft wurde zu diesen Entwicklungen erst seit kurzem Stellung bezogen und so wird Musiktherapie in der aktuellen Traumaforschung auch wenig berücksichtigt (siehe Weiß 2005, 5) und dann unterschiedlich beurteilt. Die Einschätzung der Bedeutung der Musiktherapie variiert dabei von:
„... für Traumatherapie wenig geeignet, da Musik zu sehr gefühlsaktivierend bzw. retraumatisierend wirkt“ bis zu: „... ideal geeignet, da Musik ressourcenaktivierend und sinngebend ist“.
Ziel der Tagung war es deshalb, differenzierte Antwort darauf zu geben, unter welchen Umständen Musik innerhalb der Traumatherapie heilsam eingesetzt werden kann, aber auch wann bestimmte musiktherapeutische Methoden für Traumatherapie wenig geeignet sind. Um dieser komplexen Fragestellung gerecht werden zu können wurden Referenten zu den folgenden drei Themenschwerpunkte eingeladen:

1. Grundlegende traumatherapeutische Überlegungen und Methoden mit den Beiträgen von:
   - H. G. Wolf - „Grundlagen der Psychotraumatologie und der Traumatherapie“
   - Dr. Luise Reddemann: „Musik ein Resilienzfaktor oder eine Gefährdung für schwertraumatisierte Menschen?“
   - Dr. Markos Maragkos: „Die dialogische Exposition innerhalb der integrativen Traumatherapie“
   - Dr. Freihart Regner: „Musik-Gestalttherapie auf der Basis von Normativem Empowerment“

2. Berücksichtigung unterschiedlicher Traumatisierungsdimensionen und –thematiken mit folgenden Vorträgen:
   - Monika Berkmann: „Musiktherapie bei traumatisierten Kindern und Jugendlichen vor einem tiefenpsychologischen Hintergrund“

- Edith Zahler: „Musiktherapeutische Traumaarbeit mit Klienten nach erworbener Hirnschädigung“
- Patricia Braak: „Musiktherapie mit kriegstraumatisierten Menschen“

3. Die Rolle der Musiktherapie innerhalb einer klinisch-stationären Traumakonzeption mit den Artikeln von:
   - Andreas Wölfel: „Musiktherapie in der stationären Traumatherapie“
   - Judith Sonntag/Thomas Jüchter: „Methoden der Musiktherapie mit traumatisierten Menschen“

Grundlegende traumatherapeutische Methoden und Überlegungen

Grundlagen der Psychotraumatologie und der Traumatherapie

Hanns-Günter Wolf

Den spezifischeren Fragestellungen der eigentlichen Fachvorträge der Tagung soll zu Beginn eine kurze Zusammenfassung des aktuellen Standes der Traumaforschung vorangestellt werden. Dabei werden die folgenden vier Fragen Berücksichtigung finden:

1. *Was ist ein Psychotrauma?*
2. *Welche Traumafolgestörungen gibt es und wie sind deren Heilungsprognose?*
3. *Was ist Traumatherapie?*
4. *Welche Bedeutung hat die Musik(therapie) im Rahmen der Traumatherapie?*

1. Was ist ein Psychotrauma?

Bei der Beantwortung dieser Frage soll auf die Folgen eines traumatischen Ereignisses fokuiert werden. Demnach ist ein Psychotrauma *eine subjektive, typische biologisch-neurologische Notfallreaktion auf die Exposition mit einem extremen traumatischen Ereignis.*

Von Bedeutung ist demnach einerseits das *traumatisierende Ereignis*. So setzt auch die Diagnose der Posttraumatischen Belastungsstörung innerhalb der beiden etablierten Diagnosesysteme – ICD 10 und DSM IV – zwingend ein diese Erkrankung auslösendes Ereignis voraus. Andererseits muss das *subjektive Erleben* des betroffenen Menschen von solcher Qualität sein, dass eine genetisch-biologisch vorgegebene „Notfallreaktion" ausgelöst wird.

In Abbild 1 ist der typischen Reaktionsverlauf aufgezeigt, der bei dem Erleben einer traumatisierenden Situation stattfindet

Die so genannte traumatische Zange besteht aus drei Faktoren

- das Leben oder die körperliche Unversehrtheit (von sich selbst aber auch von Anderen) sind akut bedroht *und*
- das soziale Netz wird ausgeschaltet, das dem Menschen gewöhnlich das Gefühl der Kontrolle und der Zugehörigkeit zu einem Beziehungssystem gibt *und*
- im Rahmen der eigenen Handlungsmöglichkeiten besteht keine Hoffnung auf Veränderung dieser lebensbedrohlichen Situation.

Diese Faktoren führen dann zu überflutender Angst (Todesnäheerlebnis) sowie den Gefühlen der Hilflosigkeit (nicht entfliehen können) und der Ohnmacht (nicht dagegen kämpfen können). Dieses Ausgeliefert sein wird auch mit dem Schlagwort „no fight and no flight" beschrieben.

Dadurch kommt wiederum eine Dynamik in Gang, die das menschliche Gehirn buchstäblich „in die Klemme" bringt und dort die folgenden neurobiologischen Veränderungen verursacht:

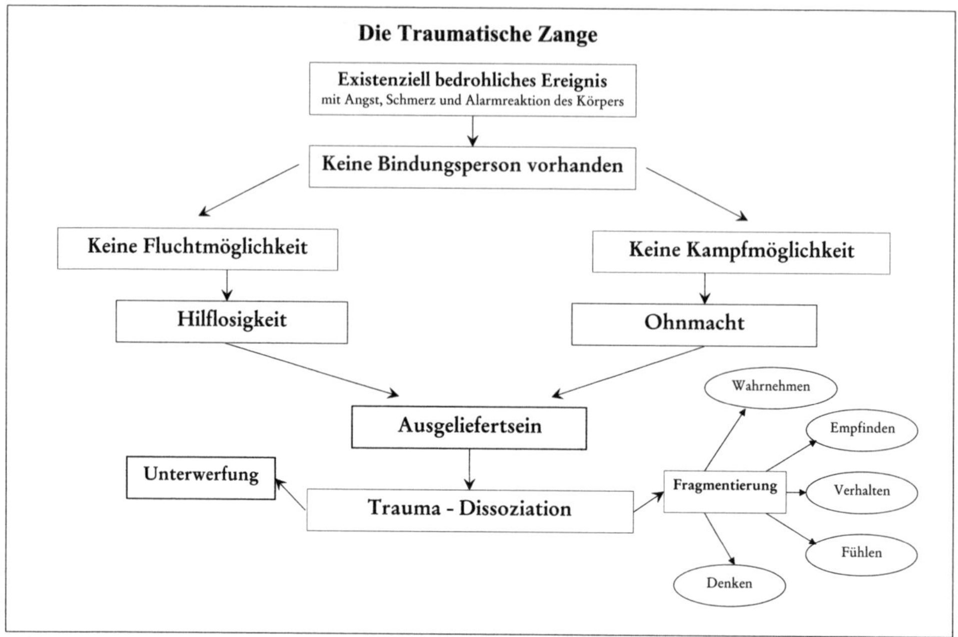

Abbild 1: „Die traumatische Zange“ (in Anlehnung an Michaela Huber 2004):

- *Überaktivierung der Amygdala:* Die Amygdala wird auch als Mandelkern bezeichnet und ist Teil des Limbischen Systems. Sie ist wesentlich an der Entstehung der Angst beteiligt und spielt allgemein eine wichtige Rolle bei der emotionalen Bewertung und Wiedererkennung von Situationen sowie der Analyse möglicher Gefahren: sie verarbeitet externe Impulse und leitet die vegetativen Reaktionen ein. Die Übererregung führt zu einer chronischen affektiven Labilisierung sowie zu Flashbacks.
- *Übererregung der Katecholaminsystems:* In Tiermodellen wurde deutlich, dass die Aktivierung des Katecholaminsystems zu Angst und Übererregung führt.
- *Reduzierung der Aktivitäten hoher zentraler Hirnstrukturen* wie dem Hypocampus, dem Broca-Sprachzentrum sowie Teilen des frontalen Kortex.

Das entspricht einer limbischen und sympathikotonen Übererregung bei gleichzeitiger Unterdrückung differenzierender und erregungsmodulierender Gehirnanteile (siehe Hofmann 2006b, 352). Damit wird die sprachliche Verarbeitung wie auch die rationale Bewertung und Einordnung des Geschehens unmöglich. Um das Überleben zu sichern, werden Sinneseindrücke des Erlebnisses eingefroren und fragmentiert, wodurch jedoch die Verarbeitung der Erinnerung blockiert ist. Dies wird von manchen Forschern auch als „Traumagedächtnis“ bezeichnet. Im Folgenden sind die spezifischen Erinnerungsmuster, die van der Kolk (1996) aufgrund seiner Untersuchung zur perzeptuellen Organisation von traumatischen Erlebnissen gefunden hat, zusammenfassend aufgeführt:

- Die Erinnerung wird nicht als Narrativ (d. h. als eine „folgerichtige innere Geschichte") enkodiert bzw. erinnert.
- Die initiale Erinnerung wird in Form eines somatosensorischen Flashbacks erfahren (visuell, auditiv, olfaktorisch, gustatorisch, kinästhetisch).
- Die Speicherung der traumatischen Erfahrung erfolgt primär als sensorisches Fragment ohne linguistische Komponenten.
- Die Erinnerung ist fragmentiert, die unterschiedlichen sensorischen Modalitäten erscheinen nicht zusammen.
- Es kann kein vollständiges ‚Narrativ' über das, was sich ereignet hat, reproduziert werden; erst im Laufe der Zeit entwickelt sich ein Narrativ.
- Die Erinnerung besteht aus affektiven Zuständen.
- Die Erinnerung an das traumatische Ereignis bleibt stabil und akkurat über die Zeit.
- Sie wird keinen konstruktiven Prozessen unterworfen, da es zu einer Fixierung kommt, die abgekoppelt ist von den nachfolgenden Erfahrungen.
- Die Erinnerung kann einen hohen Grad an „Vividness" zeigen.
- Emotionale und perzeptuelle Elemente stehen im Vordergrund, nicht die deklarativen.
- Amnesien.
- Dissoziation.
- Fehlende Sequenzen im autobiographischen Gedächtnis.

2. *Welche Traumafolgestörungen gibt es und wie sind deren Heilungsprognose?*

Das Risiko im Laufe des Leben einem traumatisierenden Ereignis ausgesetzt zu sein ist sehr hoch. Prävalenzstudien wurden sowohl in der Allgemeinbevölkerung als auch an Risikopopulationen (z. B. Vietnamveteranen) durchgeführt. Die bisher größte epidemiologische Studie zur PTBS in der Allgemeinbevölkerung fand ein traumatisches Ereignis bei 60,7 % der männlichen und 51,2 % der weiblichen Befragten (Nyberg 2005, 25). Insgesamt zeigen die Studien aber auch, dass der größte Teil dieser Menschen die Erlebnisse ohne gravierende Probleme bewältigt haben. Einer Traumaexposition ausgesetzt gewesen zu sein, heißt also nicht automatisch, traumatisiert zu sein. Untersuchungen belegen, dass es einem Großteil der Betroffenen gelingt, innerhalb von Tagen bis Wochen die Erlebnisse und ihre Folgeerscheinungen zu überwinden (siehe Abbild 2). Gleichzeitig war jedoch im Jahre 1995 der Prozentsatz der Menschen, die ein katastrophales Ereignis überlebt haben, dann aber trotz Behandlung auch nach 10 Jahren noch an dessen Folgen leiden, mit ca. 40 % erschreckend hoch und entspricht hoffentlich nicht mehr dem aktuellen Stand.

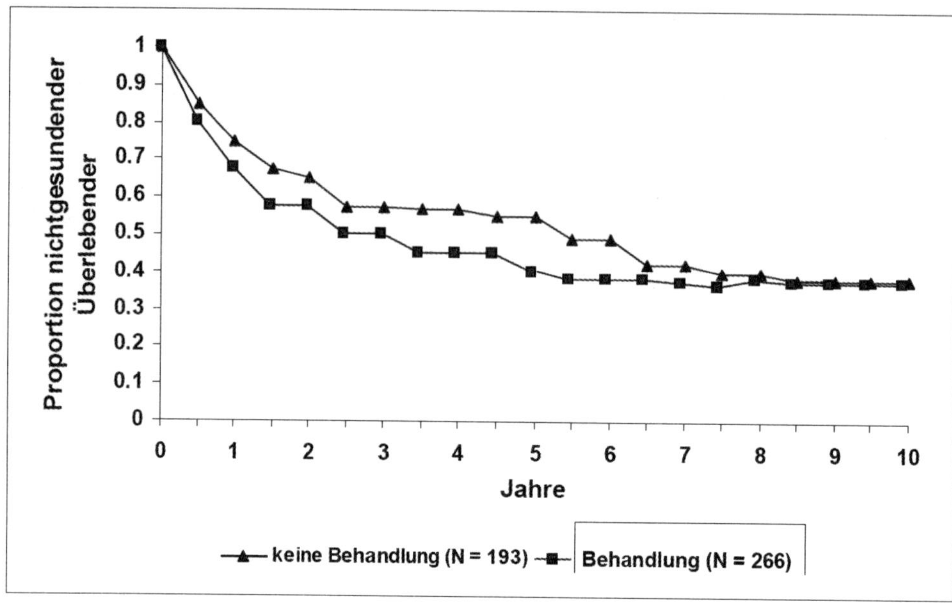

Abbild 2: Spontanremission der Initialsymptomatik (nach Kessler et al., 1995)

Der Begriff „Traumafolgestörung" setzt sich gegenwärtig im klinischen und fachlichen Sprachgebrauch zunehmend durch, ohne dass es bislang eine allgemein anerkannte Definition gibt. Ätiologisch also durch eine Ursachenfestschreibung definiert und damit eindeutig als „Traumafolgestörung" anerkannt sind die *akute Belastungsstörung* (ASD)(ICD 10 F.43.0, DSM-IV 308.3) und die *posttraumatische Belastungsstörung* (PTBS) (ICD10 F.43.1, DSM-IV 309.81). Weitgehende Übereinstimmung besteht unter Fachleuten auch darüber, dass dissoziative Störungen auf belastende Ereignisse zurückzuführen sind. Diskutiert wird gegenwärtig, inwieweit bestimmte Formen von Persönlichkeitsstörungen, insbesondere die Borderline-Persönlichkeitsstörung und somatoforme Störungen, Depressionen und Abhängigkeitskrankheiten ebenfalls als Traumafolgestörungen aufzufassen sind.
Exponierte Personen erkranken – wie oben dargestellt – zu etwa 40 % an einer langandauernden „Traumafolgestörung" wie z. B. der Posttraumatischen Belastungsstörung (PTBS). Die PTBS ist also nicht die „normale" Folge der Begegnung mit einem Trauma, sondern es benötigt offenbar zur Auslösung einer PTBS noch andere Faktoren. Abbild 3 versucht die recht komplexe Interaktion von schützenden und belastende Aspekten bezüglich des Verlaufs einer Traumafolgestörungen darzustellen.

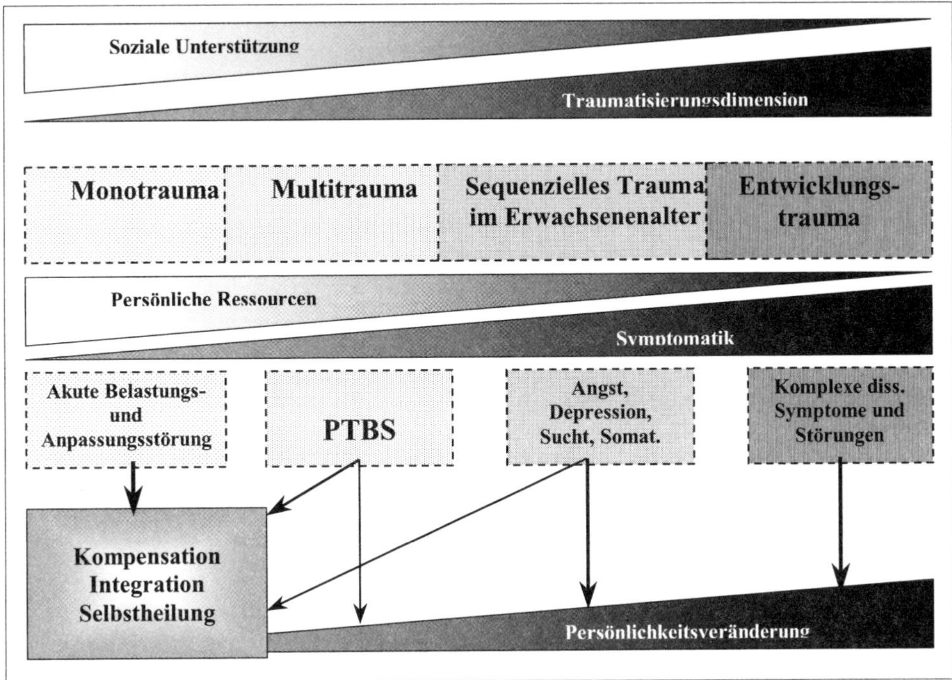

Abbild 3: Schützende und belastende Faktoren für den Verlauf von Traumafolgestörungen (nach L. Besser 2006)

Das Risiko für die Entwicklung von chronischen Störungen hängt also von einer Vielzahl von Faktoren ab. Es ist erhöht bei gleichzeitiger körperlicher Erschöpfung und körperlichen Erkrankungen (v.a. im höheren Alter). Schützend wirkt ein intaktes unterstützendes soziales Umfeld sowie persönliche Bewältigungsmechanismen (Copingstrategien). Auf jeden Fall muss jedoch gewährleistet sein, dass sich die/der Betroffene äußerlich in Sicherheit befindet, d.h. die reale Bedrohung nicht weiter besteht. Von entscheidender Bedeutung sind weiterhin die folgende Faktoren:

- Die Art der Traumatisierung:

Durch Menschen bewusst herbeigeführte Traumatisierungen (z.B. sexuelle Übergriffe) führen zu einer höheren PTBS-Prävalenz als von der Natur verursachte Katastrophen. In den „Leitlinien der Deutschen Gesellschaft für Psychotherapeutische Medizin u.a." (Flattern et al. 2001) werden dazu für Erwachsene folgende Schätzwerte genannt. Eine PTBS entwickelt sich bei:

50 Prozent nach einer Vergewaltigung
25 Prozent nach anderen Gewaltverbrechen
20 Prozent bei Kriegsopfern
15 Prozent nach Verkehrsunfällen
15 Prozent bei schweren Organerkrankungen.

- Die Anzahl der erlebten traumatischen Ereignissen:

So ist in Abbild 4 deutlich zu erkennen wie die Häufung von traumatischen Ereignissen zu einer massiven Steigerung der Wahrscheinlichkeit für PTSD führt:

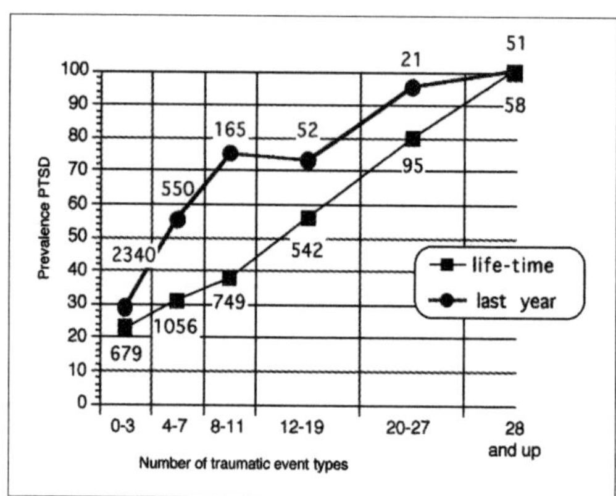

Abbild 4: Anzahl von Traumatisierungen und PTSD-Prävalenzen (nach Neuner et al. 2004)

Man unterteilt die traumatischen Erfahrungen aus diesem Grunde auch in zwei Typen:

Kurz andauernde Traumata (Vergewaltigung, Verkehrsunfall oder Naturkatastrophe) werden als Typ-I-Traumata bezeichnet und haben eine eher günstige Verlaufsprognose.

Komplexe Traumatisierungen, d.h. chronische, prolongierte bzw. multiple Traumatisierungen (z.B. körperliche und sexuelle Misshandlungen in der Kindheit oder in der Jugend, Krieg, Gefangenschaft) werden als Typ-II-Traumata bezeichnet und haben eine wesentlich höhere Chronifizierungswahrscheinlichkeit.

3. Was ist Traumatherapie?

Bevor auf die grundlegenden Konzepte traumaspezifischer Psychotherapie eingegangen wird, soll das Traumatherapeutische Modell mit anderen etablierten Erklärungsmodellen für das Entstehen seelischer Symptome verglichen werden:

1. *Das Biologische Modell* versteht psychische Symptome als Folge von körperlichen Defiziten. Diese Defizite können genetische Anomalien sein oder als Folge von hirnorganischen Schädigungen bzw. als Folge von Dysfunktionen im hormonellen bzw. Neurotransmitter-System entstehen. Benutzt man das Bild des Computers, dann wären also die Fehler beim Ablauf eines Computerprogramms auf Fehler in der Hardware (also z.B. der Festplatte) zurückzuführen.
2. *Das Lerntheoretische Modell* führt psychische Symptome auf „fehlerhaftes Lernen" über „klassisches- und operantes Konditionieren" oder auf ungünsti-

ge Bedingungen beim Modellernen zurück. Im Bild des Computers würde es sich hier um ein fehlerhaft programmiertes Anwenderprogramm handeln.

3. *Das Tiefenpsychologisches Modell* sieht hingegen Symptome als Ausdruck eines unbewussten (verdrängten) Konfliktes zwischen zwei (oder mehreren) sich widersprechenden Bedürfnissen. Typischerweise ist hier der Konflikt zwischen Triebimpulsen und moralischen Über-Ich-Forderungen zu sehen. Im Bild des Computers könnte man also von einer „Unvereinbarkeit verschiedener Anwenderprogramme" sprechen
4. *Das Systemische Modell* geht insofern einen Schritt weiter, dass es die symptombildenden Konflikte nicht nur innerhalb des Individuums sieht, sondern auch innerhalb von sozialen Systemen. Im Bild des Computers würde hier also eine Unvereinbarkehit innerhalb eines Computernetzwerkes zu Fehlern führen.
5. *Das Traumamodell* sieht psychische Symptome als Folge einer Extremsituation, die die normale Verarbeitungsmöglichkeit des Individuums übersteigt und deshalb zur Fragmentierung von Gedächtnisinhalten und physiologischen Veränderungen des Gehirns führt. Die „Informationsverarbeitung" kann dadurch dauerhaft – also auch nach Beendigung des traumatischen Ereignisses – beeinträchtigt sein. Im Bilde des Computers würde in diesem Falle also der „Absturz eines Programms" zur Veränderung oder Zerstörung der Computerhardware führen können.

So ist das Traumamodell eine Erweiterung des biologischen Modells indem es postuliert, nicht nur körperliche Verletzungen können psychische Symptome erklären, sondern auch traumatische seelische Ereignisse können körperliche Veränderungen insbesondere innerhalb des Gehirns zur Folge haben. Die weitreichenden Konsequenzen, die dies für eine Therapiekonzeption hat, soll in folgender Fallvignette deutlicher werden:
Eine Patientin leidet unter dem körperlichen Symptom von massivem Schwindel. Gleichzeitig ist bekannt, dass sie in ihrer Partnerschaft Konflikte hatte, die auch lautstark ausgetragen werden. Das tiefenpsychologische Modell würde die Symptomatik möglicherweise so erklären, dass die Frau einen unbewussten Trennungswunsch hat, sich diesen aber, möglicherweise aus moralischen Gründen (oder aber auch aus Selbstunsicherheit), nicht einzugestehen wagt und auf Grund der innerseelischen Spannung dann das körperliche Symptom des Schwindel entwickelt (sich also selbst „Beschwindelt"). Mit der zusätzlichen Information, dass diese Patientin als Kleinkind von ihrem Vater öfter massiv geschüttelt wurde (und dadurch wahrscheinlich in Lebensgefahr war), wenn sie zu lange geschrieen hatte, kommt jedoch dem traumatherapeutischen Erklärungsmodell größere Wahrscheinlichkeit zu. Hier würde der Schwindel als fragmentierte Erinnerung an eine tatsächlich erlebte massive Traumatisierung im Kleinkinalter verstanden werden. Die lautstarken Konfliktsituationen würden dann den Trigger darstellen, durch den das damalige Körpererleben als „Flashback" wiederbelebt wird.

In einem Konfliktorientierten Modell wäre eine therapeutische Intervention, z. B. die Patientin innerhalb einer psychodynamisch orientierten Gruppe das Austragen von Konflikten „üben" zu lassen oder sie zur Abreaktion der unbewusste Aggression im Sinne einer Katharsis zu ermutigen. Interventionen nach dem Traumamodell wären hingegen wesentlich behutsamer mit dem Ziel, diese Erinnerungsfragmente in einem Umfeld von innerer Geborgenheit und Sicherheit vorsichtig und strukturiert in die persönliche Geschichte (das persönliche Narrativ) zu integrieren.

Traumatherapeutische Konzeptionen

Es ist mittlerweile gelungen, wissenschaftlich begründete Leitlinien für die Behandlung von Traumafolgestörungen zu formulieren (Flatern, Gast et al. 2004). Gemeinsam ist allen nachweislich wirksamen Behandlungsmethoden, dass sie die strukturierte Wiederbegegnung mit der angstauslösenden belastenden Erinnerung innerhalb eines sicheren therapeutischen Rahmens als notwendig erachten. Voraussetzung dafür ist allerdings – nach allgemeinem Konsens – eine ausreichende psychische Stabilität. So besteht zwischen allen etablierten Methoden Übereinstimmung bezüglich der Grundkonzeption, die letztendlich auf Pierre Janets[1] Konzept der traumatischen Hysterie zurückgeht und den therapeutischen Prozess in bestimmte Phasen unterteilt (Huber, 2004 und 2005; Reddemann, 2004; Sachsse et al., 2002; Hofmann, 2006a; van der Kolk et al., 2000a):
Diese Phasen sind:
1. Stabilisierung
2. Traumabearbeitung/Traumakonfrontation
3. Traumaintegration
Dabei wird betont, dass der Stabilisierungsphase umso größerer Bedeutung zukommt, je komplexer die Traumatisierung ist: *„Meiner Behandlungsphilosophie entsprechend werden die Teile die sich auf Stabilisierung … beziehen, erheblich mehr Raum einnehmen als diejenigen, bei denen es um Traumakonfrontation geht."* (Reddemann 2004, 15)
Gerade bei besonders schweren und chronischen Traumatisierungen bleibt die Stabilisierung zunächst oft das alleinige Ziel der Therapie und man sieht lange von einer Traumabearbeitung ab. Die eigentliche Taumaexposition in der Traumabearbeitungsphase nimmt im Vergleich zur Stabilisierungsphase bei den meisten Konzeptionen einen zeitlich geringeren Stellenwert ein. Aufgrund der Forschungsergebnisse aus der Neurobiologie stellt sich zudem die Frage an die Psychotherapie, inwieweit aufgrund der Retraumatisierungsgefahr das Durcharbeiten des Traumas

1 Pierre Janet (1904) – wie Sigmund Freud Schüler von Charcot – gebrauchte als erster den Begriff der Dissoziation als Erklärungskonzept. Dissoziationen ergeben sich nach Janet als Folge einer Überforderung des Bewusstseins bei der Verarbeitung realer traumatischer Ereignisse.

angebracht ist. Denn nicht nur das traumatische Ereignis, sondern auch die traumatischen Erinnerungen führen zu den oben genannten biologischen Veränderungen im Gehirn. Das bedeutet, dass bei der herkömmlichen Form des „Durcharbeitens“ die negativen Gedächtnisspuren verstärkt werden können und die Therapie zur Retraumatisierung, statt zu Heilung führt (siehe auch Weiß 2005, 44ff.).
Vier Gruppen von therapeutischen Methoden konnten ihre Effektivität nachweisen (siehe Hofmann 2006b, 354):

- Verschiedene Verfahren der Verhaltenstherapie
- Die EMDR-Methode – Eye Movement Desensitization and Reprocessing
- Hypnotherapeutisch-imaginative Methoden sowie
- Traumaadaptierte psychodynamische Methoden, die meist einige der anderen Methoden integrieren

Traumabearbeitung dient dabei der Traumasynthese zur Integration traumatischer Erfahrungen ins persönliche Narrativ. Nur eine bewusste und kontrollierte Annäherung an das traumatische Material wird als hilfreich verstanden (Huber 2004, 2005). Dies wiederspricht einer psychodynamisch orientierte Konzeption, die annimmt, durch Abreaktion oder Katharsis eine „Reinigung von belastenden Erinnerungsfragmenten“ erreichen zu können.

4. Welche Bedeutung hat die Musik(-therapie) innerhalb der Traumatherapie:

Da hier nicht den folgenden Artikeln – die sich ja gerade mit dieser Frage differenziert auseinandersetzen – vorgegriffen werden soll, sei hier vor allem auf den Stellenwert fokussiert, der der Musik(-therapie) innerhalb der traumatologischen Literatur beigemessen wird. Dabei fällt auf, dass die körperorientierten Verfahren, insbesondere die Konzentrative Bewegungstherapie (KBT), im Gegensatz zur Musiktherapie inzwischen in der Traumatherapie weitgehend anerkannt sind. Die Musiktherapie wird dagegen nur ganz vereinzelt oder subsummiert unter den Begriffen der nonverbalen oder erlebnisorientierten Therapieformen, erwähnt. Diese werden dann als ergänzendes ressourcenorientiertes Verfahren eingeschätzt oder aber die Kontraindikation dieser Verfahren wird deutlich betont. Beispielhaft soll an dieser Stelle aus der deutschen Ausgabe des Standardwerks „Traumatic Stress“ von van der Kolk et al. (2000a) zitiert werden:
„Problematisch sind auch die an ihnen (den humanistisch-psychologischer Therapieformen wie Gestalttherapie oder Psychodrama) *orientierten kreativen Behandlungsmethoden wie z. B. Formen der aktiven Musiktherapie … oder tiefenpsychologischen Kunsttherapie …, weil sie in der modelltheoretischen Ausrichtung keinen Anschluss an den psychotraumatologischen Wissenstand haben und sie mit den bei traumatisierten PatientInnen eingesetzten Behandlungstechniken … ein nicht unbeträchtliches Retraumatisierungsrisiko bergen“* (Petzold et al. 2000, 459f.). Hier wird die Notwendigkeit einer konzeptionellen Auseinandersetzung und aktiven Positionierung der Musiktherapie innerhalb der traumatherapeutischen Psychotherapielandschaft deutlich, wenn die Musiktherapie auch für diese Indikations-

gruppe ein relevantes und anerkanntes Therapieverfahren sein will. Dies wurde inzwischen in der Musiktherapieszene erkannt, was sich an der zunehmenden Zahl von diesbezüglichen Veröffentlichungen zeigt[2] und was letztendlich auch diese Tagung motiviert hat.

2 Eine Zusammenfassung der von Musiktherapeuten veröffentlichten traumatherapeutischen Konzeptionen findet sich in der Arbeit von Regina Weiß (2005, 62ff.).

Musik – Ein Resilienzfaktor oder eine Gefährdung für schwertraumatisierte Menschen?

Dr. Luise Reddemann

Zusammenfassung des Vortrages von Hanns-Günter Wolf

In dieser Zusammenfassung werden die wichtigsten Themen, die von Frau Dr. Reddemann in ihrem Vortrag angesprochen wurden, in einzelne Kapitel subsumiert, um so die Übersichtlichkeit zu verbessern und der gedruckten Form gerechter zu werden.

Thema 1: Die heilende Wirkung der Musik

Unter diesem Thema wurde von Frau Dr. Reddemann die Bedeutung der Musik als Resilienzfaktor dargestellt. Sie stellte sich zu Beginn selbst als große Musikliebhaberin vor, die ihr ganzes Leben lang Kraft aus der Musik (insbesondere aus den Kantaten von J. S. Bach) gewinnen konnte. In ihrem kürzlich erschienenen Buch Lebenskunst (Reddemann 2006) hat sie anhand der Biographie und der Musik von Johann Sebastian Bach ihre Gedanken über Musik als Resilienzfaktor auf umfassende und berührende Art und Weise zusammengetragen. Es ist auffällig, dass sehr viele Musiker deutliche Traumageschichten haben. Johann Sebastian Bach wurde z.B, im zehnten Lebensjahr Vollwaise und musste viele weitere Verlusttraumata erleiden. Beeindruckend ist in diesem Zusammenhang auch die Autobiographie von Thomas Quasthoff (2004) aus der Frau Reddemannn das folgende Zitat vortrug: „*Rechts links, rechts links, rechts links – Metronom. Mein Kopf auf dem Laken. Ich liege halbnackt da, Hüfte und Beine festgeklemmt in einem Streckverband aus Gips. Über die Beinschalen laufen Lederriemen. Das Kind liegt in einem Gitterbett – es stinkt. In dieses tranceartige Dahinschwingen des Schädels, in diesen rhythmischen Dämmer dringt irgendwann nichts als Musik. Glücklich formen meine Lippen Tonfolgen, Kinderlieder, Schlagerfetzen. Eineinhalb Jahre lieg ich in Hannover im orthopädischen Rehabilitatitionszentrum Anna-Stift und sehe meine Familie nur durch diese Trennscheiben. Das Bündel Mensch, das sie meiner Mutter zum Abtransport in die Arme legen, ist drei Jahre alt und wiegt fünf Kilo, mit Gibsschale zehn. Ich schrei' morgens, ich schrei' abends.*“
Hier wird deutlich wie es Thomas Quasthoff gelungen ist, sich schon als ganz kleines Kind irgendwie mit Musik zu trösten und dass ihm die Musik bei der Bewältigung von Schicksalsschlägen immer wieder geholfen hat.
So drängt sich die Frage auf: „Weshalb kann die Musik für viele Menschen eine solch große Kraftquelle sein?“

Thema 2: Musik und Oxytocin

Es spricht viel dafür, dass die heilsame Wirkung der Musik vor allem mit der Ausschüttung von Oxytocin zusammenhängt, die dann geschieht, wenn wir Musik hören, die wir mögen. Oxytocin hat eine wichtige Bedeutung beim Geburtsprozess. Gleichzeitig beeinflusst es nicht nur das Verhalten zwischen Mutter und Kind sowie zwischen Geschlechtspartnern, sondern auch ganz allgemein soziale Interaktionen. Entscheidend ist aber, dass Oxytocin wahrscheinlich das wichtigste Hormon gegen Stress und für Wohlbefinden ist. Inzwischen weiß man, dass unser ganzes Leben von Oxytocin begleitet ist – nicht nur als Still- oder Wehenhormon. Möglicherweise hat die Beglückende Wirkung damit zu tun, dass durch Oxytocin frühe Stillerfahrungen erinnert werden und wir uns deshalb auch so geborgen und berührt fühlen. Im Tierversuch zeigte sich, dass bei Ratten Oxytocin eine massiv schützende Wirkung gegen Stressbelastung hat.[1]
Eines wird von Frau Reddemann allerdings als extrem wichtig betont: „*Nur dann, wenn wir Musik hören, die wir mögen, können wir uns wohlfühlen*!" Jede Art von Musik kann bei Musikliebhabern Wohlbefinden auslösen, was jedoch bei einem Menschen Wohlbefinden auslöst, kann für einen Anderen höchst unangenehm sein. Die Musikrichtung ist dabei nicht von Bedeutung. Es kann Techno oder Klassische Musik sei, die einen bestimmten Menschen glücklich macht. Es gibt jedoch keine Musik, die für alle Menschen angenehm ist. Auch nicht, wenn die positive Wirkung vom Mozarts Musik durch die vermehrte Milchproduktion von Kühen bewiesen worden sein soll. Wurde z.B. eine Patientin von ihrem Vater bei Bachmusik sexuell missbraucht, dann kann man sich die Wirkung, die Bachs Musik auf diese Frau hat, leicht ausmalen.

Thema 3. Traumatherapie, Stress, Dissoziation und Ego-States-Konzept:

Das Allerwichtigste in der Traumatherapie ist es, den Menschen zu helfen mit Stress umzugehen, d.h. den Menschen helfen sich selbst zu beruhigen – ihnen ein verbessertes Selbstmanagement zu ermöglichen. Jede Intervention, die den Patienten Stress macht, ist hinderlich oder gar schädlich. Jede Intervention sollte die Patienten hingegen beruhigen und ihnen helfen, sich längerfristig selbst zu beruhigen.
Während einer traumatischen Situation schützen sich Menschen durch Dissoziation. D.h. sie spalten sich auf. Schön ist das Phänomen der Dissoziation in dem Bilderbuch „Schreimutter" von Jutta Bauer (2000) beschrieben. Dort ist die Geschichte von einem kleinen Pinguin geschildert und zu Beginn des Buches sagt der

1 Zur Wirkung von Oxytocin auf die Emotionen siehe: Uvnäs-Moberg, K.; Arn, I.; Magnusson, D.: *The psychobiology of emotion: the role of the oxytocinergic system*, Int J Behav Med 2005, 12, 59–65

kleine Pinguin: „*Heute hat Mutter so geschrieen, dass ich auseinandergeflogen bin*“. Dann ist dargestellt, wie der Pinguin sich aufspaltet und sich im ganzen Universum verteilt. In dem Buch geht das gut aus, weil die Mutter alle Teile wieder einsammelt und sich dann entschuldigt.
Wenn das aber nicht geschieht, bleibt der Mensch „auseinandergeflogen“. Er spaltet sich in einzelne Persönlichkeitsanteile auf. Es gibt dann aber – die Natur hat das phantastisch eingerichtet – einen Teil, der weiterfunktioniert. Menschen, die eine schwere Traumafolgestörung haben, können mit diesem funktionierende Teil ihren Alltag mehr oder weniger gut meistern. Diese „anscheinend normale Persönlichkeit“ (ANP) kommt auch in die Therapie und im Hintergrund schlummern die traumatisierten Anteile. Bei stressigen Interventionen wird jedoch nicht die „anscheinend normale Persönlichkeit“ angesprochen, sondern die traumatisierten Anteile werden getriggert und diese traumatisierten Anteile wissen nicht, dass „jetzt jetzt ist“. Diese verkennen die Situation und sind auch nicht mit den Anteilen verbunden, die die aktuelle Realität einschätzen können.
Frau Reddemann betont deshalb: „*Wir müssen uns in der Therapie deshalb immer fragen, mit welchem Persönlichkeitsanteil arbeite ich eigentlich gerade. Wenn wir das Ego-state Modell (*das Modell der verschiedenen Persönlichkeitsanteilen nach Watkins & Watkins 2003, Anmerkung von H. G. Wolf *) zu Hilfe nehmen, können wir nicht so einfach sagen: „Das tut jetzt der Patient“, sondern wir müssen uns fragen: „ Welcher Anteil des Patienten tut das gerade und was machen die anderen Anteile?*“

Thema 4: Kontrolle und Gruppen(-Musik-)therapie

Frau Reddemann betonte in ihrem Vortrag, wie wichtig es ist, dem Patienten innerhalb der Traumatherapie die Kontrolle zu lassen, um ihnen eben keinen Stress zu machen. Dies hat aber auch entscheidende Konsequenzen für die Musiktherapie, denn gegen Geräusche und Musik kann man sich nicht wehren. Man kann die Augen schließen, nicht aber die Ohren. Deshalb schätzt Frau Reddemann musiktherapeutische Interventionen als besonders heikel in Bezug auf Kontrolle bzw. auf Kontrollverlust ein.
Dazu folgendes Zitat von ihr: „*Wenn man – so wie früher viele Therapeuten* (aller therapeutischer Schulen, Anmerkung H. G. Wolf) *gearbeitet haben – z. B. Patienten dazu zwingt im Raum zu bleiben und man macht dann Musik, die den Patienten möglicherweise missfällt oder ihn sogar triggert, dann muss dieser sich in die Dissoziation retten. Jedes Mal, wenn wir Patienten in der Therapie dazu bringen, dissoziieren zu müssen, dann schaden wir ihnen, denn jedes Mal ist deren Stressverarbeitungssystem überfordert. Die Dissoziation ist wieder eine Notfallreaktion und damit eine Retraumatisierung.*“ Deshalb sind nach Meinung von Frau Reddemann Gruppenveranstaltungen besonders aber Gruppenmusiktherapie skeptisch zu betrachten: „*Wahrscheinlich mögen nicht alle Menschen im Raum die gleiche*

Musik, sind also auch von der dort erzeugten Musik nicht unbedingt „begeistert“ und dann besteht immer das Risiko, dass ein Mensch geschädigt wird. Das kann in jeder Form von Gruppentherapien geschehen also auch in gesprächs- oder körpertherapeutischen Gruppen. Vor der Wirkung der Musik kann man sich aber am allerschlechtesten schützen.“

Das gilt nach Meinung von Frau Reddemann sowohl für aktive wie rezeptive Formen der Musiktherapie, wobei rezeptive Formen ihrer Meinung nach noch gefährlicher sind, da sich dort die Patienten noch stärker ausliefern.

Das „*wunderbare Instrument der Musik und der Musik in Therapie*“ gehört ihres Erachtens in ein einzeltherapeutisches Setting also in eine Zweiersituation wo auch das Prinzip Antwort möglich ist. Dann vielleicht im Laufe der Zeit, wenn die Menschen vorbereitet und stabil sind kann ein Gruppensetting angedacht werden. Zuvor ist das ihrer Meinung nach eine gefährliche Angelegenheit. Zumindest sollte die Wirkung der Therapie überprüft werden, indem die Menschen gefragt werden, wie es ihnen vor und nach der Gruppe geht. Auch wenn von den Kostenträgern aus Kostengründen oft Gruppen gefordert werden, sind diese nur dann vertretbar, wenn sich Patienten trotz des Gruppensettings die meiste Zeit gebessert fühlen.

Thema 5: Umgang mit Emotionen.

In den klassischen analytischen oder humanistisch orientierten Therapieformen war früher – neben der Konfliktorientierung – das Credo, dass Patienten intensiv ihre Emotionen erfahren sollten. Zum Teil ist das noch heute „nicht ganz out“.

In den anschließenden Zitaten begründet Frau Reddeman ihre klare Position gegen gefühlsaktivierende therapeutische Interventionen innerhalb der Traumatherapie: „*Für Traumapatienten ist das* (konfrontiert werden mit Gefühlen, Anmerkung von H. G. Wolf) *jedoch hochproblematisch, denn während der traumatischen Erfahrung erlebt der Mensch extrem belastende Gefühle wie Todesangst und Panik, aber auch die massive Ohnmacht und Hilflosigkeit kann man dazu rechnen. Damit wird der Mensch normalerweise nicht fertig, deshalb kommen die Spontanreaktionen der Dissoziation und Erstarrung zustande.“*

Jedes Mal, wenn der Patient oder die Patientin in die „*Nähe von Gefühlen*“ kommt, wird das bedrohlich für die vorher beschriebene sogenannte „anscheinend normale Persönlichkeit“. Denn diese bewältigt ihrem Alltag nur deshalb leidlich gut, weil sie es schafft Gefühle möglichst von sich fern zu halten. „*Wenn man einen* (leidlich stabilisierten, Anmerkung H. G. Wolf) *Traumapatienten dazu bringt, heftig zu fühlen, dann kann dies bereits eine Triggerwirkung haben und der Mensch kann dadurch wieder so massive Angst und Panik bekommt, dass er so reagieren muss wie er es eben kann, nämlich schon wieder zu dissoziieren, was dann schon wieder für ihn schädlich ist. Diese mögliche Triggerwirkung gilt auch für positive Emotionen, vor allem aber für belastende Emotionen. D. h. Gefühle muss man sich leisten können. Früher glaubte man eben, dass Menschen stark genug sind zu fühlen, oder man glaubte, sich auf Gefühle einzulassen würde stark machen. Das stimmt auch dann, wenn jemand stark genug und nicht schwer traumatisiert ist. Dann kann es tatsächlich sehr heilsam sein, in einer unterstützenden Umgebung intensiv zu weinen oder intensiv Wut zu fühlen. Für Menschen mit Traumafolgestörungen ist das jedoch zu 95 % Gift, solange der Mensch noch nicht stabil ist und noch dissoziieren muss.“*

Das bedeutet aber für die Musiktherapie, dass das, was musikalisches Erleben auszeichnet, nämlich Gefühle sehr stark anzusprechen, grundsätzlich ein gewisses Risiko hat und forciert werden darf diese gefühlsaktivierende Wirkung nach Meinung von Fr. Reddemann schon gar nicht. *„Bei allen Interventionen unter traumatherapeutischen Gesichtspunkten muss berücksichtigt werden, dass starkes Fühlen bereits extrem belastend sein könnte und dazu führen kann, dass Patienten dissoziieren – und dann ist gar nichts erreicht.“*

Menschen heilen nicht dadurch, dass sie in ihren traumatischen Schmerz kommen, sondern dadurch, dass sie erst mal so stabil werden, dass sie es sich erlauben können diesen Schmerz dosiert zu erleben. Peter Levin (1998) sagt, man muss das Erleben titrieren, also tröpfchenweise muss man sich mit den belastenden Emotionen beschäftigen – nicht nach der „Hau-Ruck-Methode“ wie das früher z. B. mit der Urschreitherapie aber auch in Gestalttherapie und Psychoanalyse weit verbreitet war.

„Wir haben eben in der abendländischen Tradition eine Leidensverehrung, die glaubt dass Leiden adelt und dass man nur durch intensives Leiden zur Heilung kommt. Die Hirnforschung weißt eher darauf hin, dass das ein Irrtum ist, da die Bereiche zum Erleben von gehobenen Gefühlen und die Bereiche zum Erleben von bedrückenden Gefühlen im Gehirn ziemlich weit auseinanderliegen. Gehobene Gefühl befinden sich im linken präfrontalen Kortex, bedrückende im rechten präfrontalen Kortex und diese beiden Hirnbereiche scheinen auch nicht sonderlich intensiv miteinander vernetzt zu sein. Im Grunde genommen scheint es also so zu sein, als ob man versucht den „Glücklichsein-Muskel“ zu stärken, indem man den „Unglücklichsein-Muskel“ trainiert. Wenn man möchte, dass die Menschen heilen, müssen sie auch mit heilsamen Emotionen in Kontakt kommen.“

Daher ist es in jeder Art von Traumatherapie ein Grundsatz, dass man eine „Pendelbewegung“ anregen sollte zwischen gehobenen und belastenden Emotionen. Diese Pendelbewegung scheitert jedoch oft daran, dass die Bereiche die für die gehobenen Emotionen zuständig sind, bei Patienten mit Traumafolgestörungen so wenig ausgebildet sind, dass da nichts kommt. Deshalb müssen diese Bereiche eben zuerst trainiert werden.

Thema 6: Konsequenzen für die Musiktherapie:

Frau Reddemann betonte, dass sie sich nicht berufen fühle den Musiktherapeuten konkrete Empfehlungen zu geben, wie das oben Gesagte innerhalb einer musiktherapeutischen Methodik umgesetzt werden kann.

Ein Beispiel für rezeptive Musiktherapie sieht sie aber in den Untersuchungen der Forschungsgruppe um Herrn Spitzer[2] in Ulm. Diese untersuchte die Wirkung von Musik auf schwer depressive Patienten, indem ihnen selbst ausgewählte Lieblingsmusik vorspielte wurde. Gemessen wurde dabei die Befindlichkeit vor dem Hören der Musik, die Befindlichkeit nach dem Hören der Musik, sowie der Krankheitsverlauf.
Das Ergebnis war, dass Pat. die regelmäßig ihre Lieblingsmusik gehört hatten sich schneller besserten als Pat. , die nur Psychopharmaka bekommen hatten.
Möglicherweise wäre – nach Frau Reddeman – eine traumatherapeutische Form von aktiver Musiktherapie, den Patienten zu helfen ihre eigene Musik zu komponieren. (wie es z. B. in musiktherapeutischen Bandprojekten schon geschieht – Anmerkung H. G. Wolf)

Mit den folgenden Wünschen und Anregungen beschloss Frau Reddemann ihren Vortrag:
„Mein Wunsch an Sie ist, dass Sie in Ihrem Bereich das tun was wir in der Gesprächtherapie annähernd geleistet haben nämlich eine Adaptation unserer Verfahren an die Gegebenheiten von Patienten mit Traumafolgestörungen. Das war ein langer Prozess und wir Deutsche waren da keine Vorreiter wir haben uns da viel abgeguckt von Kolleginnen und Kollegen aus Amerika und vor allem den Niederlanden. Heute kann man in den Leitlinien zur Behandlung der Posttraumatischen Belastungsstörungen (Flatten et al. 2001) nachlesen, dass die traditionellen Verfahren obsolet sind und dass sie traumadaptiert angewendet werden müssen. Dies gilt für jede Art von Psychotherapie also auch für die Musiktherapie als psychotherapeutische Form der Intervention. Deshalb werden auch Sie nicht darum herum kommen – und wie ich gehört habe sind Sie ja auch schon dabei – Musiktherapie traumaadaptiert anzuwenden und das wird sicher zum Segen der Patienten sein.
Ich danke für Ihre Aufmerksamkeit."

---

2 Der durch sein Buch „Musik im Kopf" (Spitzer 2004) bekannt geworden ist.

Die dialogische Exposition im Rahmen der „Integrativen Traumatherapie“[1]

Markos Maragkos

1. Einleitung

Erfahrungsorientierte Ansätze existieren seit den 40er Jahren. Neben analytischen und behavioralen Methoden, wurden sie als „dritte Kraft“ der Psychotherapie bezeichnet. Zu den bekanntesten Therapieansätzen dieser Richtung gehören die Gesprächspsychotherapie, die Gestalttherapie, existentielle Ansätze, aber auch das Psychodrama und Verfahren der Körpertherapie. Obwohl sich das konkrete Vorgehen in den jeweiligen Therapieansätzen durchaus unterscheidet, haben sie im zugrunde liegenden Menschenbild doch eine gemeinsame Basis: Der Mensch wird als reflexives Wesen gesehen, das seine Existenz sinnhaft definieren muss. Ihm ist eine organismische Selbstregulation und Wachstumstendenz inne, die dazu führt, dass er unter günstigen Bedingungen das volle Potential seiner Persönlichkeit entwickeln kann. Entsprechend dieser Grundannahmen werden psychische Auffälligkeiten als Störungen oder Unterbrechungen dieser organismischen Selbstregulation verstanden. Das zentrale therapeutische Ziel ist daher, innerhalb einer unterstützenden und erfahrungsförderlichen Therapiebeziehung, die organismische Selbstregulation wieder in Gang zu bringen (s. a. Greenberg et al. 2003).
Dieser Beitrag beschreibt einen integrativen Zugang zur Therapie traumatisierter Menschen, der sich aus Elementen der Gestalt- und Verhaltenstherapie zusammensetzt. Im Zentrum der Ausführungen soll die so genannte „dialogische Exposition“ stehen. An der gestalttherapeutischen Technik des leeren Stuhls angelehnt, gibt sie traumatisierten Personen die Möglichkeit, sich nachträglich in direkter und aktiver Weise mit dem traumatischen Ereignis auseinander zu setzen und somit dieses ins eigene Lebensskript wieder zu integrieren.

2. Ein integratives, humanistisch orientiertes Verständnis psychischer Traumatisierungen

Grundlegend für den hier vorgestellten Ansatz ist ein Verständnis von Traumatisierung als Erfahrung mit einer existentiellen Dimension. Betroffen ist das Selbst des Menschen. Durch das traumatische Ereignis kommt es zu einem fundamentalen Eingriff in den persönlichen Lebenssinn, das subjektive Wertgefüge und Veränderungen in der Annahme, dass die Welt und die darin lebenden Menschen grundsätzlich eine lebenszugewandte und -bejahende Haltung vertreten. Der Prozess der

1 Dieser Beitrag basiert auf Maragkos, Rosner und Butollo (2006).

organismischen Selbstregulation wird auf dramatische Weise gestört. Entsprechend berücksichtigt ein humanistisch-erfahrungsorientierter Zugang zur Traumaerfahrung deren Auswirkungen auf das Selbst, den Verlust und die Wiederherstellung von Bedeutung und Bedeutungsstrukturen sowie den Wiederaufbau einer Ich-Du-Beziehung im Sinne von Buber (1995).

2.1 Auswirkungen psychischer Traumatisierung auf die Selbstprozesse

Zu Grunde gelegt ist das soziale Interaktions-Repräsentations-Modell, welches das Selbst als innere Repräsentation sozialer Interaktionen konzeptualisiert (Butollo 2000). Das Selbst wird als eine sich permanent formende Struktur, d. h. als eine Struktur, die sich von Moment zu Moment der Erfahrung formt, verstanden. Somit ist es angemessener, von *Selbstprozess* zu sprechen. Dieser wird durch die aktuelle Kontaktsituation getriggert und aktiviert gespeicherte Erfahrungen über ähnliche Situationen und Umstände. Nicht nur die Informationen, die von der Umwelt an die Person herangetragen werden, formen das Selbst, sondern – und vor allem – die Antwort der Person auf diese (*Selbst-Antwort*). Die im Laufe des Lebens entwickelten Modelle über das Selbst, die Welt und das Selbst in der Welt bedingen nicht nur wie vergangene Informationen und Erfahrungen abgespeichert, sondern auch wie zukünftige empfangen werden. Dieser ständig ablaufende Prozess der Integration von Erfahrungen in das Selbst wird *Selbstformation* genannt. Selbstmodelle können als Ergebnis der Selbstformation verstanden werden.

Da sich das Selbst im Kontakt formt, ist es seiner Natur nach „dialogisch", d. h. das Ergebnis eines Dialogs, der entweder in der inneren Welt des Menschen oder im Kontakt mit seiner äußeren Welt geführt wird. Dieses Verständnis des Selbst ist in der Psychologie nicht neu. Bereits 1992 formulierte Hermans (Hermans et al. 1992; Hermans 2001) die Auffassung eines dialogischen Selbst („... the self can imaginatively occupy a number of positions that permit mutual dialogical relations..."; Hermans et al. 1992, 23). Diese Theorie findet nun langsam auch Eingang in der Traumatherapie (z. B. bei Brewin 2005).

Neue Informationen oder Erfahrungen führen dazu, dass bestehende Selbstmodelle mehr oder weniger stark angeglichen werden müssen. Verläuft das Leben in normalen Bahnen, weichen die ankommenden neuen Informationen nicht sehr von den bereits bestehenden ab und können – gewisse Anpassungen vorausgesetzt – graduell in das bereits bestehende Selbst integriert werden.
Ein traumatisches Ereignis kann neutral auch als Information oder Erfahrung verstanden werden. Sie unterscheidet sich von den übrigen hinsichtlich ihrer Intensität. Handelt es sich um ein erstmalig aufgetretenes, einmaliges Ereignis, so ist diese Information/Nachricht häufig mit keiner bestehenden Erfahrung koppelbar. Sie kann nicht auf einer verbalen, sondern einer präverbalen Ebene repräsentiert bzw. gespeichert werden. Dadurch bestehen traumatische Erinnerungen mit einer

intensiven Erlebnisqualität weiter, obwohl der traumatisierte Mensch kognitiv/rational z.B. weiß, dass das Ereignis bereits vergangen ist und Gefahr objektiv nicht mehr besteht. Auf der psychischen Ebene kommt es zu einer Regression auf eine frühere Entwicklungsstufe des Selbst. Es entstehen Gefühle von tiefer Verunsicherung und Angst, gekoppelt mit einem massiven Gefühl existentieller Unsicherheit. Die Folge ist ein Bruch im Selbstprozess. Die bereits beschriebene Kongruenz zwischen neuen und alten Erfahrungen kann nicht hergestellt werden: Der Mensch kann auf die traumatische Erfahrung gleichsam nicht reagieren, d.h. er hat keine *Selbst-Antwort*. Der traumatischen Erfahrung fehlt gleichsam der Sinn. Der Organismus befindet sich in einer Ausnahmesituation und es setzen mehr oder minder schnell Bewältigungsmechanismen ein, die sich in Form der bekannten Symptome einer Akuten oder Posttraumatischen Belastungsstörung, wie sie in der ICD-10 (WHO 2005) oder im DSM-IV (APA 2003) beschrieben werden, manifestieren. Dieser Prozess des Versuchs einer Integration der traumatischen Erfahrung in das bereits bestehende Selbstmodell, wird als *posttraumatische Anpassung* bezeichnet (s.a. Butollo 2000).

3. Mehrphasige integrative Traumatherapie

Dieser integrative Ansatz vereinigt Elemente aus der Verhaltens- und der dialogischen Gestalttherapie. Hinzu kommen Elemente aus den systemischen und körperorientierten Therapierichtungen (s.a. Butollo et al. 1999; Butollo und Maragkos 2005). Im Rahmen dieses Modells stehen dem Therapeuten mannigfaltige Interventionen zur Verfügung, inneren Zuständen Ausdruck zu verleihen: So ist neben Phantasiereisen, der Arbeit mit körperlichen Empfindungen, Träumen usw. vor allem der Leere-Stuhl-Dialog zu erwähnen. Diese Technik wurde von den Autoren für den Bereich einer psychischen Traumatisierung angepasst und als *dialogische Exposition* bezeichnet. Der therapeutische Prozess wird in die vier folgenden Phasen mit den dargestellten Zielen unterteilt:

a) Sicherheit
   - Aufbau der therapeutischen Beziehung
   - Aktivierung sozialer Ressourcen
   - Atem- und Entspannungstechniken (wenn möglich)
   - differenzierter Umgang mit den Symptomen
   - Sicherheit wahrnehmen und verfestigen

b) Stabilität
   - Verbesserung der Selbstwahrnehmung (auch in den zwischenmenschlichen Beziehungen)
   - Grenzen aktivieren
   - Selbstakzeptanz
   - Sicherheit wahrnehmen und bewältigen

c) Konfrontation
   - Aktivierung früherer Erlebnisinhalte
   - Kognitive und emotionale Arbeit an der Wirkung des Traumas
   - Grenzen aktivieren und aufrecht erhalten

d) Integration
   - Annahme des Traumas
   - Annahme der Veränderung
   - Ich-Du-Dialog mit dem Trauma

Die therapeutische Erfahrung zeigt, dass diese vier Phasen nicht strikt zeitlich aufeinander folgen, noch können sie strikt voneinander getrennt werden. Es handelt sich vielmehr um eine Heuristik. Dabei ist es wichtig, das therapeutische Vorgehen mit der jeweiligen Phase der posttraumatischen Anpassung, in der sich der Patient gerade befindet, abzustimmen. Die therapeutischen Arbeitsprinzipien in den Phasen der Sicherheit und Stabilität sind:

Unspezifische beziehungsorientierte und spezifische symptomorientierte Therapieziele. Unspezifische beziehungsorientierte Ziele beziehen sich auf die subjektive Verarbeitung der Traumatisierung seitens des Patienten. Im Fokus steht die *innere Kommunikation*, die in ihm stattfindet: Wie ist das traumatische Ereignis in seiner Repräsentanzenwelt abgespeichert und welche inneren Dialoge führt der Patient mit sich? Welche Selbstanteile stehen im Dialog zueinander? Die symptomorientierten Ziele der Therapie beziehen sich auf das klassische (verhaltens-)therapeutische Vorgehen, d.h. Reduktion von Angst, Arbeit an den Intrusionen und der Vermeidung, etc.

Zurückgewinnen von Selbstterritorium durch den Wiederaufbau von Fähigkeiten und Fertigkeiten im aktiven therapeutischen Kontakt. Im Rahmen schwerer, von Menschen verursachter Gewalttraumatisierungen kann es innerpsychisch zu einem Prozess kommen, in dem der Täter als Teil des Selbst des Opfers internalisiert wird. Das extremste Beispiel für solche Prozesse ist die Viktimisierungsstörung. Der Täter gewinnt durch seine Tat innerpsychisches Territorium des Opfers. Ein Ziel der Therapie für den Patienten wird also sein, dieses Territorium zurück zu gewinnen. Das bedeutet für den Patienten intern in Opposition zu den internalisierten Anteilen des Täters zu treten und das eigene Selbst als von dem des Täters verschieden zu erfahren. Der Therapeut unterstützt diesen Prozess, in dem er ihn ermutigt, diese Separation und die begleitenden Affekte zu verbalisieren. Übungen zur Wahrnehmung und Awareness sowie zur Aktivierung der eigenen Grenzen helfen dabei ebenso, wie die Reaktivierung von prätraumatischen Erinnerungen von Interaktionen, in denen der Patient sich selbst als stabil und mit einem eigenständigen und stabilen Selbst ausgestattet erlebt hat.

Zurückgewinnen von Kompetenzen in der sozialen Wahrnehmung und sozialen Interaktion. Da eine Traumatisierung das Sicherheitssystem des Menschen massiv beeinträchtigt oder gar zerstört, entsteht in ihm ein rational oft nicht begründetes Misstrauen bezüglich der Verlässlichkeit anderer Menschen: Die soziale Wahrnehmung ist gestört. Fremden und manchmal auch bereits bekannten Menschen wird der Vertrauensvorschuss entzogen. Es entsteht ein möglicherweise paranoid anmutendes Misstrauen.

In der Therapie wird es darum gehen, das verlorene Vertrauen in die Verlässlichkeit der anderen Menschen wieder Schritt für Schritt aufzubauen. Dadurch werden nicht allein die sozialen Netzwerke des Patienten reaktiviert, sondern auch seine Bewältigungsmechanismen in sozialen Situationen. Hier kommen Übungen zur Selbst- und Fremd-Wahrnehmung und Awareness zum Einsatz, wie auch solche, die den Betroffenen dabei unterstützen sollen, seine prätraumatischen Fähigkeiten und Ressourcen zu reaktivieren und für die eigene Stabilisierung zu nutzen. Es können sich durchaus Kompetenzen entwickeln, die prätraumatisch nicht zur Verfügung standen, so dass es insgesamt zu einem persönlichen Wachstum kommt (posttraumatic growth; Tedeschi et al. 1998).

Reduktion der Spaltung zwischen präverbal und verbal enkodierten Erfahrungen. Schwer traumatisierte Menschen können – zumindest für eine bestimmte Zeit – in präverbale Selbstrepräsentationsmuster zurückfallen. In diesen kann die intuitive Sensibilität, soziale Situationen und Interaktionen wahrzunehmen, erhöht sein, aber nicht die Fähigkeit, diese Wahrnehmungen adäquat kognitiv einzuordnen und zu verbalisieren. Hinzu tauchen mehr oder minder starke Schwierigkeiten auf, die traumatische Erfahrung in funktionaler Weise mit Erfahrungen aus der Vergangenheit oder Erwartungen an die Zukunft zu verbinden. Die traumatische Erfahrung schwebt gleichsam im luftleeren Raum in der inneren Welt des Menschen.

Verbale therapeutische Interventionen, die auf den Wiederaufbau von Sicherheit beim Patienten abzielen, sind zwar wirksam, jedoch nur so lange, wie die traumatischen Erinnerungen nicht aktiviert sind. Geschieht dies, z. B. weil der Patient bestimmte Triggerreize wahrnimmt, so werden Vermeidungsstrategien aktiviert und die zuvor gehörten Sicherheitssätze treten in den Hintergrund. Hier helfen Interventionen, die auf die Verbindung zwischen nonverbalen Empfindungen, Intuition und körperlichen Empfindungen abzielen. Dadurch wird die o. a. Trennung stückweise wieder aufgehoben und die Häufigkeit und Intensität der intrusiven Gedanken reduziert.

Wiederherstellen der Empathiefähigkeit durch dialogische Exposition. Während die bisher beschriebenen Phasen auf die Wiederherstellung des Supportsystem des Patienten abzielten, steht in dieser Phase der Konfrontation seine Empathiefähigkeit im Mittelpunkt. Aufgrund der beginnenden Stabilisierung im Supportsystem kann sich der Patient nun daran wagen, erste Empathiereaktionen zu riskieren.

Empathie bedeutet die Fähigkeit, sich in andere Personen hineinversetzten zu können und die äußere und innere Welt durch deren Augen zu betrachten, so *als ob* man diese Person wäre. Die eigene Identität, Selbstkohärenz und -konstanz gehen dabei nicht verloren. Während dies nach der Traumatisierung kaum möglich oder gar schädigend sein kann (z.B. durch Identifikation mit dem Täter), wird es in dieser Phase notwendig, um den Betroffenen mit seinen eigenen Gefühlen bzgl. der äußeren Welt und den Anderen in Kontakt zu bringen. Zudem ist es sehr hilfreich, sich vom Modus einer konfluenten und symbiotischen Beziehungsgestaltung zu distanzieren, die letztlich nur zu einer inneren Orientierungslosigkeit beim Kontakt mit anderen Menschen führt.

Der Therapeut wendet in dieser Phase Empathieübungen in Form der Dialogischen Exposition an. Anfangs werden mehr oder minder neutrale Beziehungen des Patienten als Übungsfeld für Empathieübungen gewählt. Im weiteren Verlauf kann sich der Patient an „gefährlichere" Beziehungen heranwagen. Zum Beispiel solche, bei denen er die Rolle eines Menschen einnimmt, dem eine ähnliche traumatische Situation widerfahren ist. Gegen Ende dieser Phase kann er seine eigene Rolle übernehmen oder sogar die des Täters. Das konkrete Vorgehen wird im Anschluss beschrieben.

Reinterpretation der prä- und posttraumatischen Identität. Ein schweres traumatisches Ereignis verändert die Identität des Traumatisierten. Betroffene berichten, sich selbst völlig fremd geworden zu sein. Der Therapeut kann in der Phase der Integration diesem Prozess entgegenwirken, in dem er mit dem Patienten nach seinen prätraumatischen Fähigkeiten und Stärken sucht und diese ankert. Diese können zwar angeschlagen sein, doch heißt dies nicht gleichzeitig, sie wären nicht mehr vorhanden. Im Gegenteil, oft wundern sich traumatisierte Menschen darüber, wie oft sie in ihrem prätraumatischen Leben schwierige Situationen gemeistert haben. Diese Fähigkeiten können reaktiviert und dafür benutzt werden, auch die aktuelle Situation zu bewältigen. Dadurch gewinnt der Patient wieder Vertrauen in sein eigenes Unterstützungssystem.

Imaginative Übungen, z.B. geleitete Phantasiereisen, können hier sehr hilfreich sein. Beziehungsrepräsentationen mit eigenen wichtigen Personen (Eltern, Großeltern, enge Freunde etc.) können das Gefühl unterstützen, wieder mit anderen Menschen verbunden zu sein. Sich vom eigenen sozialen System akzeptiert fühlen ist sehr hilfreich, wenn die traumatisierte Person versucht, das traumatische Ereignis in ihrem Lebensskript zu integrieren.

Fallbeispiel: Erfahrungsorientiertes Vorgehen bei Traumatisierung.

Anknüpfend auf das Fallbeispiel würde der Therapeut mit dem Patienten in der Vorstellung wieder zu der Situation mit der Politesse zurückkehren. Er würde sie

wahrnehmen und es kämen wieder die körperliche Erregung, die Emotionen und die entsprechenden Gedanken auf. Der Impuls wegzulaufen könnte auch aufkommen, jedoch würde der Prozess diesmal unter der Anleitung des Therapeuten verlangsamt, so lange bis der Patient die Wahl hat zwischen dem Impuls wegzulaufen, tatsächlich wegzulaufen oder in der Situation zu bleiben. Intrapsychisch dehnt sich also die Zeit zwischen Wahrnehmung des Triggerreizes, Bedeutungsgebung und seiner Reaktion (Weglaufen) aus. Idealerweise versucht sich der Patient bewusst zu machen, welche Gedanken, Gefühle und (körperlichen) Impulse aufkommen. Womöglich macht sich ein weiterer Impuls bemerkbar: Wut gegenüber den Folterern. Dann kommt möglicherweise ein weiteres Gefühl auf, nämlich Mitleid und Mitgefühl gegenüber sich selbst. Der Therapeut hilft dabei nur bei der Verlangsamung und der Intensivierung der möglicherweise durch die massive Symptomatik zugedeckten Erfahrung. In diesem Beispiel wären das Wut und Mitleid mit sich selbst. Das inhaltliche Ziel der Veränderung ist aber durch das therapeutische Modell nicht vorgegeben, sondern nur der Prozess.
Versucht es der Betroffene auf diese Weise, d. h. in dem er sich in einem Prozess selbst begleitet und sich dabei beschreibt, ohne zu bewerten, so folgt er dem Prozess, anstatt ihn zu behindern. Die Behinderung ist für ihn u. U. einfacher zu bewerkstelligen, denn durch seine Vermeidung muss er nicht mit den schmerzhaften Zuständen kämpfen, die die Erinnerungen in ihm auslösen. Stattdessen kann er sich seinen inneren subjektiven Reaktionen auf die Reize von außen stellen. Somit gibt er seiner Selbst-Antwort Raum und kann Bewusstheit darüber erlangen, was ihn ihm vorgeht. Er lässt den verschiedenen Figuren entsprechend Platz und spürt die aufkommende (körperliche) Erregung. Dadurch fördert er den Prozess, seine Gestalten zu schließen.

3.1 Dialogische Exposition – Grundprinzipien

Dialogische Exposition ist an der Zwei-Stuhl-Technik der Gestalttherapie orientiert und dient der externalisierten Bearbeitung internalisierter Selbst-Anteile. Sie kann sowohl als diagnostisches, als auch als therapeutisches Mittel eingesetzt werden. Zur Diagnostik ist sie geeignet, weil sich dadurch die Repräsentationen des Patienten ableiten lassen. Für ihn selbst, aber auch für den Therapeuten wird deutlich, wie der Patient das Ereignis, die darin beteiligten Personen und Begebenheiten und auch seine eigene Rolle während des Ereignisses in seinem Selbst abgespeichert, d. h. repräsentiert hat. Als therapeutisches Mittel ermutigt sie den Patienten dazu, sich mit diesen Repräsentanzen in direkter Weise auseinander zu setzen. Sie setzt Aktivität voraus und hilft ihm somit, aus seiner möglichen Opfer- oder der Rolle des Ohnmächtigen heraus zu treten. Er kann sich als Person, mit der Möglichkeit zu kontrollieren und zu tun, d. h. in der Welt wirksam zu werden, erleben.

Wie bereits dargestellt, liegt diesem integrativen Ansatz ein prozessuales und dialogisches Verständnis des Selbst zugrunde. Von dieser Warte aus betrachtet, existieren in einem Menschen nicht nur ein Selbst, sondern verschiedene „Selbste“ oder Identitäten, die sich in einem ständigen Austausch mit der inneren und/oder äußeren Welt befinden (s. Hermans et al. 1992; Hermans 2001; Brewin 2005).

Diese Dialoge innerhalb einer Person finden ständig, während des ganzen Wachzustandes des Menschen statt. Es handelt sich um eine Art „innere Stimme“ („internal voice“; Brewin 2005), die eine Handlung kommentiert, zwischen zwei Wünschen gefangen ist, etc. Anders formuliert, könnte man von verschiedenen Identitäten innerhalb ein und derselben Person sprechen. Diese Identitäten stehen in einem Dialog miteinander und machen einen großen Teil des inneren Gesprächs aus. Das Ziel der dialogischen Exposition ist es, den Patienten in direktem Kontakt mit verschiedenen Anteilen seines Selbst (also verschiedenen Identitäten oder inneren Stimmen) zu bringen. Das kann z.B. der traumatisierte, der noch gesunde, der wehrhafte, der aggressive Teil sein oder auch der internalisierte Teil des Aggressors.

Aus der therapeutischen Arbeit mit traumatisierten Menschen ist bekannt, dass es nicht nur um das Erlebte geht, sondern darum, wie sich die Person selbst während der traumatischen Situation erlebt hat (s.a. Brewin 2005). So kann es z.B. sein, dass ein männliches Opfer einer Gewalttraumatisierung mit dem Selbstkonzept als wehrhaft und stark, nicht primär unter der erfahrenen Gewalteinwirkung zu leiden hat, sondern mehr unter der Tatsache, dass er sich eben nicht als wehrhaft und stark, sondern als ängstlich, verletzbar und womöglich auch feige erlebt hat. Bezogen auf sein Selbst bedeutet dieser Umstand, dass es einen Dialog zwischen dem Teil gibt, der sich für stark gehalten hat und dem Teil, der sich nicht wehren konnte. Die betroffene Person kann mit Schuldgefühlen, Selbstvorwürfen und starker Scham reagieren. Innerhalb der Person sind also verschiedene Selbstanteile, bzw. Identitäten, miteinander in einem Dialog. In der dialogischen Exposition bekommt der betroffene Mensch Gelegenheit, die verschiedenen Identitäten miteinander in einen Dialog treten zu lassen. Es wird möglich, diese miteinander zu versöhnen, so dass Schuldgefühle, Selbstvorwürfe usw. reduziert werden. Der Mensch kann zwischen seinen Anteilen Frieden schließen.

Eine andere Möglichkeit die dialogische Exposition einzusetzen besteht darin, den traumatisierten mit dem nicht traumatisierten Teil in Kontakt zu bringen und diese sich austauschen zu lassen oder den traumatisierten/nicht traumatisierten Teil mit der Repräsentanz des Täters in Kontakt zu bringen und somit offene Gestalten zu schließen (z.B. sich nachträglich wehren, entschuldigen, o.ä.).

Die Grundprinzipien können wie folgt zusammengefasst werden:

- Wahrnehmen und würdigen des eigenen innerpsychischen Zustands und phänomenologische Beschreibung desselben, ohne diesen gleich zu bewerten
- Hin und her wechseln zwischen dem, was der Patient äußern will bzw. wahrnimmt und der Beschreibung, wie es auf ihn wirkt

- Rückmeldung des Therapeuten, was sich in ihm vollzieht, während er den Berichten seines Patienten aufmerksam zuhört
- Der Therapeut arbeitet nicht mit dem „wirklichen Geschehen“, sondern mit dessen Repräsentation im Patienten. Er ist nicht auf der Suche nach dem tatsächlichen Ablauf, sondern motiviert seinen Patienten das zu berichten, was er wahrgenommen hat, wobei er das Hauptaugenmerk auf das „Wie des Erlebens“ lenkt, mit all seinen Modalitäten (Körper, Gefühl, Kognition)

3.1.1 Die konkrete Durchführung der dialogischen Exposition

Im Folgenden wird ein fiktiver Ablauf einer solchen dialogischen Exposition dargestellt. Grundsätzlich können mit Hilfe der dialogischen Exposition verschiedene Arten von Dialogen durchgeführt werden, in Abhängigkeit vom jeweiligen Trauma. Im nächsten Beispiel wird davon ausgegangen, dass die Patientin in einen imaginierten Dialog mit dem Aggressor tritt. Bei dieser Art von dialogischer Exposition ist es unbedingt notwendig, vor Beginn sicher zu stellen, dass:

- die Patientin die Phasen der Sicherheit und Stabilität gut durchlaufen hat, so dass er über ein stabiles Erwachsenen-Selbst verfügt,
- keine Tendenz besteht, in dissoziative Zustände abzugleiten und
- die therapeutische Beziehung so weit gefestigt ist, dass ein starkes und auf Vertrauen basierendes Arbeitsbündnis besteht.

Erst wenn diese Voraussetzungen erfüllt sind, kann ein Dialog mit dem Täter-Introjekt versucht werden.

Den Patienten ins Jetzt bringen. Die erste Aufgabe des Therapeuten ist es, die Patientin ins Jetzt zu bringen. Dies geschieht am Besten, in dem man ihn bittet, sich im aktuellen Moment zu beschreiben.
Th.: Frau X., können Sie mir sagen, wie Sie sich im Moment fühlen?
Pat.: Ich habe Angst und bin aufgeregt.
Th.: Können Sie mir etwas genauer beschreiben, wie sich dass für Sie anfühlt?
Pat.: Es fühlt sich schwer an, wie ein Druck.
Th.: Wo in Ihrem Körper spüren sie diese Schwere und den Druck?
Pat.: Hauptsächlich spüre ich es in meiner Brust. Es ist so, als ob ein Gewicht auf meine Brust lastet.
Th.: Wie fühlt sich der Druck an?
Pat.: Hm, irgendwie erdrückend, als könnte ich nur sehr schwer atmen.
Th.: Stellen Sie sich vor, Ihre Brust hätte die Möglichkeit zu sprechen, was würde sie sagen?
Pat.: „Ich will hier weg, aber ich komme nicht raus. Ich bin gefangen.“
Th.: Wie ist es für Sie gefangen zu sein?
Pat.: Es erinnert mich an die Vergewaltigung. Ich hatte damals die gleiche Empfindung.

Th.: Lenken Sie bitte noch einmal Ihre Aufmerksamkeit auf den Zustand Ihrer Brust. Sie sagten, die Brust würde sagen „ich will hier weg". Können Sie die Empfindung ihrer Brust verstärken?
Pat.: Wenn ich das mache, dann habe ich den Eindruck, wird die Angst noch stärker ...
Th.: Überprüfen Sie, wie weit Sie dies zulassen wollen. Wenn Sie merken, die Angst wird zu stark, dann stoppen Sie.

Das Gegenüber wahrnehmen, d. h. beschreiben, ohne zu bewerten. Sobald sich eine Beziehung zum aktuellen Zustand der Patientin eingestellt hat, kann der Dialog mit dem jeweiligen Anteil beginnen. Als Erstes geht es darum, diesen zu Beschreiben.
Th.: Wenn Sie soweit sind, dann setzen Sie den Täter auf diesen Stuhl. Können Sie mir beschreiben, was Sie sehen? Wenn es Ihnen möglich ist, fangen Sie mit den Augen an.
...
Th.: Wie sieht er Sie an? Was für einen Blick hat er?
...
Th.: Kommt Ihnen dieser Blick bekannt vor? Kennen Sie ihn, vielleicht aus Ihrer Vergangenheit?
...
Th.: Wie geht es Ihnen, wenn Sie die Augen beschreiben? Was geht Ihnen durch den Kopf, wie fühlen Sie sich, was macht Ihr Körper?

Die Haltung. In den meisten Fällen wird es wichtig sein, mit den Augen anzufangen, weil Kontakt meistens über die Augen hergestellt wird. Der Therapeut sucht nun nach möglichen Verbindungslinien zu vergangenen Personen oder Ereignissen. Dies ist besonders in solchen Fällen nötig, in denen längst vergessene Ereignisse oder Personen aufgrund der aktuellen Traumatisierung auftauchen, ohne dass die Person sich das erklären kann, weil sie auf dem ersten Blick keine Verbindung finden kann. Stellt sich eine Verbindung zu vergangenen Inhalten heraus, dann ist es sinnvoll, den Patienten nach dieser zu fragen („Was ist das Gemeinsame dieser Situationen?" oder „Worin liegen die Gemeinsamkeiten dieser zwei Situationen?").
Th.: Können Sie mir beschreiben, welche Haltung der Täter hat?
...
Th.: Wie ist es für Sie, wenn Sie sehen, der Täter hat diese Haltung eingenommen?
...
Th.: Haben Sie einen Verdacht oder eine Vermutung, warum der Täter ausgerechnet diese Haltung eingenommen hat?

Die Haltung ist auch deshalb wichtig, weil es häufig eine Entsprechung zwischen äußerer und innerer Haltung gibt. Somit ist es wichtig, den Patienten zu fragen, was in ihm vorgeht, wenn er den Täter auf diese Weise (in dieser Haltung) wahrnimmt und ob er eine Vermutung hat, warum der Täter ausgerechnet diese Haltung eingenommen hat (eigentlich, warum der Patient ihn in dieser Haltung vor seinem geistigen Auge sieht).

Widerstand. Kommt die Patientin in Kontakt mit ihrem Widerstand, so stellt der Therapeut diesen in den Mittelpunkt der Aufmerksamkeit.
Pat.: Ich kann ihn nicht mehr anschauen …
Th.: Gut, wenden Sie bitte Ihren Blick ab von ihm; schauen Sie sich etwas anderes an im Raum. Können Sie mir sagen, was Sie dazu veranlasst hat, nicht mehr hinschauen zu wollen?
Pat.: Er macht mir Angst …
Th.: Was befürchten Sie konkret? Was kann passieren?
Pat.: Ich muss wieder an die Situation von damals denken. Ich habe Angst, dass es jetzt dann wieder passieren wird.
Th.: Das kann ich gut nachvollziehen. Bedenken Sie, dass Sie hier in einem geschützten Raum sind, in dem Ihnen nichts passieren kann. Sie haben die Möglichkeit zu gehen oder zu bleiben, weiter zu machen oder zu stoppen, d. h. Sie können entscheiden. Dort und damals war das nicht möglich, aber hier und jetzt ist das sehr wohl möglich. Versuchen Sie sich bitte – zumindest gedanklich – klar zu machen, dass die belastende Situation der Vergangenheit angehört. Sie macht Ihnen zwar noch zu schaffen, aber sie ist dennoch vorüber. Wie ist es für Sie jetzt?

Ausdruck. Wenn der Blick und die Haltung beschrieben worden sind und die Patientin die Möglichkeit hatte, die Entsprechung dessen, was sie wahrgenommen hat, in sich zu empfinden und zu verbalisieren, kann der Therapeut einen weiteren Schritt wagen.
Th.: Schauen Sie, ob Sie den Impuls haben, ihm etwas zu sagen.
Pat.: Ich möchte schon, aber ich habe Angst …
Th.: Sie müssen es nicht laut sagen, wenn Sie nicht wollen. Lassen Sie sich Zeit. Darf ich fragen, ob Sie das, was Sie sagen wollen, bereits innerlich formuliert haben?
Pat.: Ja, ich habe es in meinem Kopf.
Th.: Welcher Teil in Ihnen ist für diese Formulierung verantwortlich? Wo kommt diese Formulierung her?
Pat.: Es ist der starke Teil, der den schwachen schützt.
Th.: Gut. Können Sie in Ihrer Vorstellung diese beiden Teile zusammenbringen? Vielleicht hilft Ihnen das Bild, dass ein großer Bruder seinem kleinen zu Hilfe eilt, wenn dieser in Not ist.
Pat.: Ja, das kann ich.
Th.: Können Sie mir beschreiben wie diese beiden Teile zueinander stehen? Welche Haltung haben diese beiden Teile eingenommen?
Durch diese Art des Arbeitens erfährt die Patientin eine Unterstützung durch sich selbst. D. h. sie mobilisiert einen noch kräftigen Anteil in seinem Selbst, um den schwächeren Anteil zu unterstützen.
Th.: Möchten Sie ihm etwas sagen?

Pat.: Ja, ich möchte ihm sagen, wie sehr sich mein Leben durch das, was er mir angetan hat, verändert hat.
Th.: Gut, sage Sie ihm das und achten Sie dabei darauf, ihm in die Augen zu schauen.
Pat.: „Durch das, was Du … Sie …", ich weiß nicht, ob ich Du oder Sie sagen soll.
Th.: Was wäre für Sie angemessen?
Pat.: Ich weiß nicht … Das „Du" ist so privat und nah und das „Sie" zeugt von Respekt, den ich aber nicht vor ihm haben möchte …
Th.: Lassen Sie sich Zeit und überlegen Sie, was für Sie angemessen wäre.
Pat.: Ich glaube, ich sage lieber „Sie" zu ihm. Ich habe zwar keinen Respekt vor ihm, aber das „Du" ist mir zu nah.
Th.: Ich finde es gut, dass Sie sich Zeit genommen und überprüft haben, welche Anrede geeigneter ist. Während wir diese Übung machen ist das sehr wichtig. Greifen Sie auch weiterhin auf diese Möglichkeit zurück, wenn Sie nicht sofort wissen, wie Sie sich entscheiden wollen. Doch lassen Sie uns noch mal in die aktuelle Situation zurückkehren. Möchten Sie ihm nun den Satz sagen?
Pat.: „Durch das, was Sie mir angetan haben, hat sich mein ganzes Leben verändert … Ich bin nicht mehr glücklich und sehne mich nach dem, wie ich vorher war … ich kann nicht schlafen … ich muss ständig an das Ereignis denken, obwohl ich es nicht will …".
Th.: Sie machen das sehr gut! Wie ist es für Sie, wenn Sie das sagen?
Pat.: Ich habe Schwierigkeiten, nicht zu weinen. Ich möchte aber nicht, dass er mich weinen sieht. Ich möchte ihm nicht so viel Macht über mich geben.
Th.: Wenn Sie wollen, dann können Sie ihm genau das sagen: „Ich möchte nicht vor Ihnen …". Möchten Sie es versuchen?
Pat.: „Ich möchte nicht, dass Sie mich weinen sehen … Ich möchte Ihnen nicht so viel Macht über mich geben …".
Th.: Gut. Wie fühlt sich das an?
Pat.: Komisch, aber es ist etwas erleichternd.
Th.: Wenn Sie einverstanden sind, schlage ich vor, eine kurze Zwischenpause zu machen. Besinnen Sie sich zurück auf sich. Achten Sie auf den Zustand ihres Körpers …

Es empfiehlt sich, Pausen einzulegen. Das schafft sowohl beim Patienten, als auch beim Therapeuten Orientierung. Beide können sich noch mal absprechen und ein kurzes Resümee über den erfolgten Konfrontationsblock ziehen. Zudem dienen solche Pausen der Stabilisierung des Patienten, weil er die Erfahrung macht, nicht die ganze Situation auf einmal durchgehen zu müssen, sondern Stück für Stück, wodurch auch ein gewisses Ausmaß an Kontrolle wieder gewonnen werden kann.

Die dialogische Exposition ist so lange durchzuführen, bis die Situation für den Patienten abgeschlossen ist. Getreu der Aussage von Perls „Langeweile entsteht dann, wenn Lernen nicht mehr möglich ist", gilt eine Situation dann als abgeschlossen, wenn der Patient nichts mehr für sich entdecken kann. Dies muss nicht für immer gelten, sondern nur für den Moment. Die nun anstehende Aufgabe ist es, einen guten Platz für diese – nun abgeschlossene – Gestalt zu finden. Es sollte einer sein, der angemessen ist und zu dem ein Zugang besteht, so dass sie wieder hervorgeholt werden kann, wenn es notwendig erscheint.

4. Epilog

In diesem Kapitel wird ein integratives Therapieverfahren für die Behandlung von psychischen Traumatisierungen vorgestellt, welches humanistische (prozesserfahrungsorientierte/gestalttherapeutische) und verhaltenstherapeutische Elemente miteinander kombiniert. Psychische Traumatisierung wird als Erfahrung mit einer existentiellen Dimension verstanden. Betroffen ist das Selbst des Menschen. Dieses wird als dialogisch konzeptualisiert, da es – nach diesem Ansatz – Ergebnis einer Interaktion mit der äußeren und inneren Welt des Menschen ist. Entsprechend dem phasenhaften Verlauf einer psychischen Traumatisierung, unterscheidet auch das hier vorgestellte integrative Therapiemodell mehrere Phasen, die sich in der Praxis überlappen können: Sicherheit, Stabilität, Konfrontation und Integration. In den Phasen der Konfrontation und Integration kommt die Technik der „dialogischen Exposition“ zu Anwendung. Auf der „Leeren-Stuhl-Arbeit“ der Gestalttherapie fußend, kann der traumatisierte Patient mit seinen verschiedenen Selbst-Anteilen (sicherer, verängstigter, traumatisierter, Täter-Anteil, etc.) in Kontakt treten und so an der Wiederherstellung seines durch die traumatische Erfahrung defragmentierten Selbst arbeiten.

Musik-Gestalttherapie auf der Basis von Normativem Empowerment

Freihart Regner

Einleitung

Der folgende Text basiert auf einem Kurzreferat bei der Fachtagung „Musiktherapie mit traumatisierten Menschen", die am 3./4. März 2007 vom Freien Musikzentrum München ausgerichtet wurde. Entsprechend konzise und somit auch abstrakt sind die Ausführungen gehalten. Es werden Hinweise auf ausführliche, anschauliche Darstellungen gegeben, in denen auch kritischen Betrachtungen mehr Raum gegeben wird. Praktischer Hintergrund ist die musik-gestalttherapeutische Arbeit bei *Xenion*, psychotherapeutische Beratungsstelle für politisch Verfolgte in Berlin, bei welcher der Autor seit 2001 als Freier Mitarbeiter tätig ist. Er ist zudem Mitbegründer des seit 2007 existierenden Vereins *Inter Homines – Empowerment und Therapie mit politisch Verfolgten.*

Normatives Empowerment (NE)

Normatives Empowerment (NE) ist eine konzeptuelle Grundhaltung für die psychosozial-therapeutische Praxis mit politisch verfolgten und traumatisierten Menschen auf der Wertebasis der Menschenrechte. Sie wurde vom Autor im Rahmen seiner Dissertation entwickelt (Regner, 2005, Zus. f. 2006). (Wenn die Konzeption sich nicht ausschließlich auf politisch Verfolgte bezieht, sondern auch auf andere Klientele, z. B. Psychiatrie-Erfahrene oder Obdachlose, heißt sie: *Normatives Empowerment im weiteren Sinne, abgekürzt NEw).* Grundlegend ist die Annahme, dass der Komplex politische Traumatisierung wesentlich durch fünf Dimensionen gekennzeichnet ist: *Macht, Recht/Gerechtigkeit, Wahrheit, Freiheit und Öffentlichkeit.* Augenfällig wird dies, wenn diese fünf Dimensionen in typischen Verfolgerstaaten, zum Beispiel dem Iran, regelhaft in ihr Gegenteil verkehrt werden (vgl. Hannah Arendt, 1943/86, 1949, 1955, 1970; dazu auch Regner, 2007): Politische Macht wird zu staatsterroristischem Machtmissbrauch und zu – oft traumatischem – Ohnmachtserleben aufseiten der Verfolgten; Recht/Gerechtigkeit wird zu Unrechtsjustiz; Wahrheit wird zu ideologischer Propaganda; Freiheit wird zu Verfolgung, Inhaftierung und Folter; und Öffentlichkeit wird zu Geheimhaltung, Vertuschung und Gleichschaltung. Politisch Verfolgte sind demnach Menschen, die gewaltsam ihrer kommunikativen Macht, ihres Rechts, ihrer Wahrheit, ihrer Freiheit und ihrer Möglichkeit zur öffentlichen Meinungsäußerung beraubt wurden. Als solche müssen sie oft ins Exil fliehen, sind dort lebensgeschichtlich schwer belastet bis traumatisiert und suchen Hilfe bei Einrichtungen wie zum Beispiel Xenion oder Inter Homines, die versuchen, den speziellen Erfordernissen dieses Klientels gerecht zu werden.

Auf welche Weise kann solche Hilfe angemessen erfolgen? Wenn es erstens politischer Machtmissbrauch ist, der zum traumatogenen Ohnmachtserleben führt, etwa bei Folter – dann muss die psychosozial-therapeutische Antwort darauf die Vermittlung von kommunikativer Macht sein, kurz: *Er-mächtigung/Empowerment.* Der Empowerment-Ansatz ist durch folgende Prinzipien gekennzeichnet (extrahiert aus Herriger 1997, 2004; Lenz und Stark 2002; Zimmerman 2000): (1) Solidarität mit weitgehend Machtlosen, Ohnmächtigen, Benachteiligten. (2) Forderung und Förderung (basis)demokratischer Partizipation. (3) Hilfe zur Selbsthilfe („Philosophie der Menschenstärken", „learned hopefulness"), Ressourcenförderung. (4) Kritik am konventionellen therapeutischen Hilfeverständnis entlang der hierarchischen Differenz Helfer/Hilfesuchender, Heiler/Kranker, Therapeut/Klient. Hingegen versteht sich der/die Empowerment-Professionelle eher als Partner/in, Förder/in, Katalysator/in, als „Ressourcen-Person", um Prozesse der Selbst- und Gruppen-Ermächtigung in Gang zu setzen. Es geht um einen partnerschaftlichen, dabei kritischen Aushandlungsprozess, der den Respekt auch vor ungewöhnlichen, eigensinnigen Lebensentwürfen voraussetzt. (5) Eröffnung einer Vielfalt von Lebensoptionen, vor deren Hintergrund dann möglichst selbstbestimmte und selbstverantwortete Lebensentscheidungen getroffen werden können. (6) Gleichzeitige Berücksichtigung der (a) individuellen, (b) kommunitären, (c) politisch-gesellschaftlichen Ebene. Ermächtigung ist daher gut mit einem systemischen Ansatz kompatibel; sie ist Arbeit in Kontexten an Kontexten. (7) Menschen werden als eingebunden in Netzwerke von günstigenfalls wechselseitiger solidarischer Hilfeleistung betrachtet, paradigmatisch in Selbsthilfegruppen. Diese zeichnen sich durch ihre Alltagsnähe und ihre Orientierung an den lebensweltlichen Bedürfnissen und Interessen der Teilnehmer/innen aus. Dabei ist das narrative, spielerische, experimentierende Element wesentlich. (8) Als Gefahr bei Empowerment ist zu sehen: „Nicht-Beachtung psychosozialer Probleme, psychischer Belastungen und Verletzungen; Übergehen schwerer psychischer Störungen; ... Überforderung durch unbedingtes Vertrauen in Ressourcen und Selbstheilungskräfte; idealistisch-überhöhte Einschätzung der Resilienz; Überschätzung der Ressource ‚Gemeinwesen' ... ." (Theunissen 2002, 151) Die beiden Hauptrisiken von Empowerment sind demnach *Überforderung* und *aktionistische Vereinnahmung.*

Wenn sich das traumatogene Erleben von Ohnmacht, Überwältigung und Hilflosigkeit aber auch mit starkem Unrechts- und Ungerechtigkeitserleben verbindet, dann ist die psychosozial-therapeutische Praxis aufgerufen, im Rahmen ihrer Möglichkeiten auch Erfahrungen von Recht und Gerechtigkeit vermitteln. Analog zu Er-mächtigung/Empowerment sprechen wir hier von *Er-rechtigung/Enjusticement.* Im einzelnen ist damit folgendes gemeint: (1) Normative Bewusstseinsbildung, im Sinne einer Stärkung des Selbstbewusstseins als (Menschen)Rechtsperson. (2) Engagierte Anwaltschaft: Er-rechtigung geht im Rahmen des psychosozial Möglichen und Passenden engagiert und parteilich gegen Entrechtungsmuster bei politisch Traumatisierten vor. (3) Optionalität als „Metawert": Es muss auch die Option geben, sich gegen einen dezidierten Rechts- und Gerechtigkeitsweg zu

entscheiden. Enjusticement darf nicht zu einer suggestiven Menschenrechts- und Gerechtigkeitsideologie geraten. (4) Psychosoziale Er-rechtigung bietet die Option an, politisch hervorgerufenes Unrechtserleben auch als eine Ressource zu betrachten, aus der unter Umständen motivationale Kraft geschöpft werden kann (siehe etwa die „Mütter der Plaza de Mayo" in Argentinien). (5) Enjusticement stellt die mit Menschenrechten, Recht und Gerechtigkeit untrennbar verbundene Sinn-Dimension heraus, um den für Empowerment so wesentlichen salutogenetischen *Sense of Coherence* (A. Antonovsky) zu stärken. Dazu gehört auch die wesenhafte Zusammengehörigkeit dieser Bereiche mit Zukunft und Hoffnung („learned hopefulness", M. A. Zimmerman). (6) Im Sinne der Netzwerk-Orientierung von Empowerment/Enjusticement wird deutlich gemacht, dass Recht stets die Regelung einer Rechts- und damit Wertegemeinschaft betrifft, woraus sich im günstigen Falle soziale Ressourcen ergeben. (7) Normative Selbstreflexion der psychosozialen Praxis, „sharing justice": Für die professionale Praxis ergibt sich mit Enjusticement die Notwendigkeit, die Legitimität ihres eigenen Tuns verstärkt unter rechtlichen und gerechtigkeitlichen Gesichtspunkten zu reflektieren. Zwischen den Partner/innen soll eine möglichst weitgehende Gleichberechtigung entstehen, die für den/die Adressaten/in möglichst viel Spielraum zur Selbstbestimmung eröffnet.
Die Vermittlung von anerkennendem faktischen Wahrheitsbezug in der psychosozial-therapeutischen Praxis nennen wir *Er-schließung von Wahrheit,* die Vermittlung von freiheitlichen Erlebnissen *Er-freiung* und die Vermittlung des Zugangs zu (zivil)gesellschaftlichen Öffentlichkeiten *Er-öffentlichung.*

Gestalttherapie

Normatives Empowerment ist keine ausschließende Alternative zur Psycho(trauma)therapie. Vielmehr umfasst und durchdringt NE als konzeptuelle Grundhaltung die Traumatherapie mit politisch Verfolgten, und zwar gemäß der Formel: *so viel Empowerment wie möglich, so viel Therapie wie nötig.* Es wird also dafür plädiert, im Umgang mit Opfern schwerer Menschenrechtsverletzungen nicht primär in klinisch-therapeutischen Kategorien zu denken und zu handeln, da dies der Tendenz nach eine *Pathologisierung* der Betroffenen und eine *Ausblendung politischer Verantwortlichkeiten* bedeutet. Vielmehr sollte primär in Empowerment-Kategorien gedacht und gehandelt werden, da Er-mächtigung seit ihren Anfängen von einem politisch-menschenrechtlichen Anspruch geprägt ist. Die oftmalige Notwendigkeit psycho(trauma)therapeutischer Behandlung wird dabei aber nicht vernachlässigt, sondern von NE ausdrücklich berücksichtigt und umfasst.
Ein Psychotherapieverfahren, das mit Normativem Empowerment besonders gut kompatibel ist, ist die Gestalttherapie. H. P. Dreitzel (2004; leicht mod.) spricht von den *„vier Säulen der Gestalttherapie":* (1) Ich-Du-Beziehung im Sinne eines authentischen Kontaktes zwischen Therapeutin und Klientin gemäß M. Buber, (2) Konzentration auf das Hier und Jetzt als dichteste Manifestation der (persön-

lichen) Wirklichkeit, (3) Respekt vor und Konzentration auf die eigene Erfahrungswelt des Klienten (phänomenologischer Ansatz) und (4) Gewahrsein, Bewusstheit für lebendige Prozesse, d.h. Gestalten in ihrem jeweiligen Feldzusammenhang.
Mit letzterem ist auch (5) das konzeptuelle Herzstück der Gestalttherapie angesprochen, der *Kontaktzyklus:* Hierbei handelt es sich um ein organismisches Grundmodell, wonach sich der lebendige Organismus stets in einem prozesshaften Austausch, in Auseinandersetzung, in *Kontakt* mit seiner Umwelt an der *Kontaktgrenze* befindet. Die Phasen dieses Kontaktprozesses in der therapeutischen Beziehung sind: *Vorkontakt* („Kennenlernen"), *Kontaktnahme* (eine zu bearbeitende Figur wird prägnant), *Kontaktvollzug* (intensive Auseinandersetzung mit dieser Figur), *Nachkontakt* (Zurücktreten der Figur in den Hintergrund).
Die Gestalttherapie im klinischen Sinne setzt an, wo dieser Kontaktzyklus beim „Ich und Du im Hier und Jetzt" der therapeutischen Beziehung „gestört", beeinträchtigt, unterbrochen ist; man spricht von *sechs Kontaktunterbrechungen* (Egotismus, Konfluenz, Projektion, Retroflektion, Introjektion, Deflektion). Durch verschiedene therapeutische Interventionen – z.B. ein „Gestaltexperiment", d.h. das Ausprobieren einer neuartigen Lebenssituation – soll dann *awareness, Gewahrsein, Bewusstheit über diese Kontaktunterbrechungen* hergestellt werden. Dies führt nach der „paradoxen Theorie der Veränderung" von A. Beisser (2002) gerade ohne zielgerichtete Bemühung zu Persönlichkeitswachstum und -integration. (Zur Kritik siehe Petzold, 1997)
Auch Traumata können als Beeinträchtigungen und Störungen des organismischen Austauschs mit der Umwelt betrachtet werden, die sich in spezifischen Kontaktunterbrechungen äußern. Eine spezielle Traumatherapie auf gestalttherapeutischer Grundlage wurde von W. Butollo und Mitarbeitern entwickelt: die *Mehrphasige Integrative Trauma-Therapie* (Butollo, Krüsmann und Hagl 1998). Wesentlich hierbei sind die Phasen (1) Herstellung von Sicherheit, (2) Stabilisierung, (3) Traumakonfrontation und (4) Traumaintegration. (Allerdings ist diese Phasenabfolge speziell bei politisch traumatisierten Flüchtlingen wegen deren oft unsicherem Aufenthaltsstatus häufig nicht einzuhalten.)
Zwischen Gestalttherapie und den oben aufgeführten Prinzipien und Strategien von Normativem Empowerment lassen sich folgende *Anschlussstellen* finden: (1) Auch für den Sozialkritiker Paul Goodman, einer der Begründer der Gestalttherapie, ist *Solidarität* die Grundlage aller Gesellschaftsformationen. (Höll 1999, 530) (2) Indessen betont Goodman, der auch einer der Vordenker der Bürgerinitiativen-Bewegung ist, dass die Beherrschten ihre Befreiung auch wollen müssten, anstatt in „freiwilliger Knechtschaft" zu verharren. Dies geschehe am „natürlichsten" in *basisdemokratischen Kleingruppen.* (Ebd.) (3) Das gestalttherapeutische Modell organismischer Selbstregulation beinhaltet: „[A]ls Therapeuten können wir letztlich nur *Hilfe zur Selbsthilfe* bieten, sind bestenfalls Katalysatoren von Wachstumsprozessen, die sich nach eigenen Gesetzen entwickeln, die außerhalb unserer Kontrolle sind." (Dreitzel 2004, 25; Hervorh. FR) Aktiv-aggressive *Ressourcen* werden dabei besonders betont. (4) Auch die Gestalttherapie betont das *„Prinzip (Selbst)Verantwortung"*:

„Von einer gestalttherapeutischen Diagnostik muss ... verlangt werden, dass sie nicht die Person des Patienten pathologisiert, sondern deren Einzigartigkeit respektiert und unterstützt ... ." (Ebd., 26) (5) W. Schmid wird mit seiner dezidiert *optativen „Philosophie der Lebenskunst"* zu einem wichtigen Referenzautor der aktuellen Gestalttherapie. (S. Workshops von W. Schmid und R. Reinboth am Institut für Gestalttherapie und Gestaltpädagogik (IGG) in Berlin). Wesentlich für seinen auch für Empowerment hochrelevanten Zentralbegriff der *Selbstmächtigkeit* ist die *selbstbestimmte, bewusste Wahl.* (6) In der gestalttherapeutischen *Feldtheorie* wird der Mensch nicht als isoliertes Individuum betrachtet, sondern als eingebunden in *Feldkontexte,* die auch politischer, rechtlicher und ökonomischer Art sind. (7) Das *spielerische, experimentierende Element* ist eines der herausragenden Merkmale der Gestalttherapie („Gestaltexperiment"). (8) Der Anspruch, „unerledigte Geschäfte" aus dem (unbewussten) „Lebenshintergrund" „Figur werden zu lassen und diese Gestalt zu schließen", lässt sich auch als das Erschließen einer möglichst bewussten, integrierten *„Lebenswahrheit"* verstehen (vgl. Er-schließung von Wahrheit). – Die weite Verbreitung der Gestalttherapie gehört in den Kontext einer vielfältigen Befreiungsbewegung vor allem in den 60er und 70er Jahren – sexuelle Befreiung, women's liberation, black freedom u. a. –, und das Moment „organismischer Selbstbefreiung", mit stark sexuellen und aggressiven Konnotationen, ist ihr wesentlich (vgl. Er-freiung). – „Von der Betonung allgemeiner menschlicher Bedürfnisse und der Gruppe als einer auf therapeutischen Prinzipien basierenden Minigesellschaft ausgehend, führt der nächste soziologische Schritt nicht nur über die ‚Heilung', sondern auch noch über die persönliche ‚Entwicklung' hinaus zur Entwicklung eines neuen gesellschaftlichen Klimas." (Polster und Polster 1983, 36f.) (Vgl. Eröffentlichung).

Als *Fazit* dieser Anknüpfung von Normativem Empowerment an die Gestalttherapie kann festgehalten werden: NE profitiert dabei von der psychotherapeutischen Substanz des Gestaltansatzes, während dieser umgekehrt mit NE als konzeptueller Grundhaltung dezidiert politisch-(menschen)rechtliche Vorzeichen erhält, was für die Arbeit mit politisch verfolgten und traumatisierten Menschen unerlässlich ist.

Musik-Gestalttherapie

Musik-Gestalttherapie oder auch Gestalt-Musiktherapie basiert auf denselben beschriebenen Grundvorstellungen: „Gestalttherapie und Musiktherapie sind [hierbei] verbunden in einer experimentellen Haltung, die den Dialog sucht. Gespräch und Improvisation dienen dem Entdecken neuer Wege durch bewusste Erfahrung der gegenwärtigen Lebenssituation mit allen Sinnen im Hier und Jetzt. Das Annehmen dieser Erfahrung ist Voraussetzung und Resultat für Veränderungsprozesse." (IGG, 2005). Zur *Definition* sei vorgeschlagen: *Musik-Gestalttherapie/Gestalt-Musiktherapie ist eine Psychotherapie nach dem ganzheitlichen Gestalt-Ansatz, bei der außer dem Veränderungsmedium des (sprachlichen und nicht-sprachlichen)*

Kontaktprozesses erweiternd und durchdringend das kreative Verwandlungsmedium der Musik genutzt wird (Vgl. auch Hegi, 2004).

Die Musik-Gestalttherapie bezieht sich hauptsächlich auf die *Theorie der musikalischen Wirkungskomponenten von Fritz Hegi* (1998, 2000). Hegi unterscheidet darin die fünf musiktherapeutischen Wirkkomponenten *Klang, Rhythmus, Melodie, Dynamik* und *Form,* die zu den Gestaltkonzepten in eine komplexe Beziehung gesetzt werden können.

Klang wird von Hegi in Verbindung gebracht mit Gefühlsausdruck, Grenzauflösung, Verschmelzung, Resonanz, Harmonisierung. Traumatische Gefühle, wie Ohnmachts-, Hilflosigkeits- und Einsamkeitsgefühle, können demnach klanglich zum Ausdruck gebracht und kreativ verwandelt werden. Ein Klient bei Xenion schildert, wie er nach dem Kopfschuss eines Paramilitärs ohnmächtig unter einem Baum liegt. Klient, Therapeut und Dolmetscher improvisieren gemeinsam über diese Szene, mit Gitarre, Mandola und Klangstäben. Das Spiel ist von einem einsamen, bedrückten Klang geprägt. Durch das Miteinander-Spielen wandelt sich der Klang und hellt sich auf, in eins damit auch die Stimmung des Klienten.

Rhythmus wird assoziiert mit Realitätsbezug, Bindungsvermögen, Widerstandskraft, Vitalität und Ausgeglichenheit/Maß. Rhythmische Elemente in der Musik-Gestalttherapie sind somit besonders geeignet, der traumatischen Passivierung und Demoralisierung entgegenzuwirken. Eine Gruppe von Klientinnen aus dem Kosovo ist zu Beginn eines Treffens körperlich und seelisch merklich erschöpft. Wir hören Jazz-Songs von Eartha Kitt, gehen dabei im Raum umher und klatschen im Takt in die Hände. Am Ende des Treffens fühlen die Klientinnen sich belebt und aufgemuntert.

Melodie lässt sich in Beziehung setzen zu Erzählvermögen, Erinnerung, Gestaltungskraft, Identität, Selbstsicherheit. Melodien und Lieder eignen sich somit speziell für die musik-gestalttherapeutische Ressourcenarbeit (rezeptiv, gemeinsames Singen) sowie eine ordnende Narrativierung des Traumas (aktiv). Ein Klient dichtet von sich aus ein Lied über seine extremtraumatischen Erfahrungen. Die Strophen werden in der Therapie besprochen, und es wird dazu musiziert.

Dynamik steht in Verbindung zu Nähe-Distanz-Balance, Kraft/Energie, Faszination, Risikobereitschaft, Intensität. Hier findet sich die musikalische Entsprechung dazu, dass das Trauma auch willentlich überwunden und oft ein Neuanfang gewagt werden muss. Ein Klient erzählt, wie er stundenlang Scheinexekutionen ausgesetzt wurde. Dabei wirkt er einsam und in sich versunken. Dann stehen wir uns gegenüber und trommeln zu dieser Erinnerung. Der Klient wird aufgefordert, ab und zu Blickkontakt mit dem Therapeuten aufzunehmen. Wird die Erinnerung und damit verbundene Aggressionen intensiver, trommeln wir lauter. Später berichtet der Klient, dies habe entlastend auf ihn gewirkt, die Erinnerungen hätten an Schärfe abgenommen.

Form assoziiert Hegi mit Struktur, zugleich Verwandelbarkeit, Grenzüberschreitung, Beweglichkeit, Freiheit. Trauma bedeutet oft eine Belastung und Beschädigung bis Zerstörung eines Teils der psychischen Struktur. Musikalische Formkomponenten können hier eine kreative Verwandlung bewirken. In einer Therapiegruppe bei Xenion hören wir die Goldberg-Variationen von J. S. Bach. Nach einer Anekdote wurden sie komponiert, um einen russischen Grafen anspruchsvoll zu unterhalten, wenn er Schlafstörungen hatte – eine Problematik, an der auch viele politisch Traumatisierte leiden. Die Formvollendetheit der bach'schen Musik kann hier ein Empfinden von delikater Struktur, Wandelbarkeit und Transzendenz vermitteln.

Musik-Gestalttherapie auf der Basis von Normativem Empowerment

Dieser Titel lässt sich nach den bisherigen Ausführungen zusammenfassend in drei Begriffsraster ausdifferenzieren, die in einem komplexen Wechselverhältnis zueinander stehen. Die beiden Klammern bezeichnen dabei ein Umfassungs- und Durchdringungsverhältnis. Dieses Begriffsschema dient der theoretischen Reflexion der Praxis, in der es letztlich intuitiv im Sinne eines Kunsthandwerks umgesetzt werden muss. Eine ausführliche Falldarstellung, in der die praktische Arbeit anschaulich gemacht wird, findet sich in „Die einen heilen mich, die anderen bringen mich um“: Musik-Gestalttherapie mit einem politisch traumatisierten Flüchtling auf der Basis von Normativem Empowerment“ (Regner, in Vorbereit.).

Musik		**Gestalttherapie**		**Normatives Empowerment**
Klang	}	Ich-Du-Beziehung	}	Er-mächtigung
Rhythmus		Hier-und-Jetzt		Er-rechtigung
Melodie		Eigene Erfahrungswelt		Er-schließung von Wahrheit
Dynamik		(Feld)Gewahrsein		Er-freiung
Form		Kontaktzyklus		Er-öffentlichung

Abb. 1

Musiktherapie bei speziellen Traumatisierungsdimensionen und -thematiken

Musiktherapie bei traumatisierten Kindern und Jugendlichen vor einem tiefenpsychologischen Hintergrund

Monika Berkmann

Im Folgenden soll es um Musiktherapie mit Kindern und Jugendlichen im Rahmen einer Kinder- und Jugendpsychiatrie und -psychotherapie gehen. Dazu stelle ich zunächst die Situation der Patienten dar. Die Musiktherapie findet einzeln statt und die Arbeitsweise ist tiefenpsychologisch orientiert. Wirkungsweisen von Musiktherapie bei traumatisierten Kindern und Jugendlichen werden theoretisch beleuchtet, sowie in Fallvignetten dargestellt. Hier gilt ein besonderes Augenmerk Externalisierungprozessen in der Musik, aber auch Beispiele von Kontraindikation, parallele Spaltung und regressiv haltender Therapie werden dargestellt.

Strukturierender Überblick

Die Musiktherapie in der Klinik ist eingebettet in ein therapeutisches Gesamtkonzept von ärztlichen oder psychologischen Therapeuten, einem therapeutisch/pädagogischem Umfeld auf Station und verschiedenen Fachtherapien (Musik-, Kunst-, Reit-, Ergo-, Erlebnis-, Mototherapie, Logopädie). Austausch und Vernetzung der Therapien finden im muliprofessionellen Team statt. Im beschriebenen Arbeitsfeld kommen häufig komplex traumatisierte Patienten in die Musiktherapie.
Man wünscht sich eine gut ausgebildete Musiktherapeutin, die sich mit dem Krankheitsbild auseinandergesetzt hat, aktuell forbildet und in Kontakt mit den Therapeuten arbeitet. Zu ergänzen ist diese Erwartung mit der Notwendigkeit regelmäßiger Supervision.
In diesem Spannungsfeld zu arbeiten verlangt nach meiner Beobachtung, dass bei allen Techniken, die Begleitung eines traumatisierten Patienten ein Tanz mit dem Feuervogel ist. In dieser Ballettmusik von Igor Strawinsky kommt es, wie in der Arbeit mit den Klienten in vielfältiger Art und Weise und unvermuteten Augenblicken zu Brüchen und Inszenierungen. In diesen Augenblicken hoffe ich mit Winnicott, dass ich in der Lage bin „anzubieten, was das Kind aufzufinden bereit ist". (Winnicott, Vom Spiel zur Kreativität, 49)
Um die Indikation zur Musiktherapie bei traumatisierten Patienten in der Kinder- und Jugendpsychiatrie einzuschätzen, muß ihre besondere Situation beachtet werden.

Zur Situation der Patienten

Eine stationäre Aufnahme bedeutet für die jungen Patienten in ein enormes emotionales Spannungsfeld zu geraten. Kränkung, Erleichterung, Unsicherheit, der

Wunsch nach einer schützenden Bezugsperson und Angst mobilisieren alte Bewältigungsmuster oder es werden in dem Versuch mit den Eindrücken und Anforderungen zurecht zu kommen, neue Symptome ausgebildet. Verschiedene Angebote fordern, neben all der heilbringenden Aspekte, eine enorme Flexibilität sich auf neue Personen und Situationen einzustellen. Gerade traumatisierte Kinder und Jugendliche reagieren darauf oft mit Rückzug, Übererregung, Verweigerung, Aggression oder auch mit Konzentration auf den verbalen Ausdruck. Diese Symptome führen dann oft in die Musiktherapie.
Der Aufenthalt in der Klinik an sich, kann eine Retraumatisierung darstellen und so verlangt die Therapie Respekt vor dem Zeitplan der Klienten.
Dazu gehört auch, den Zeitpunkt des therapeutischen Geschehens im Lebenskontext und in der Therapiephase zu beachten. Es geht im übertragenen Sinne darum, den Wechsel des tonalen Zentrums, in verschiedene Alterstufen und Ichzustände mitvollziehen.
Diese besondere Situation bestimmt die Arbeitsweise der Musiktherapeutin und auch die Wirkungsweise der Musiktherapie.

Tiefenpsychologisch orientierte Arbeitsweise bedeutet, auch mit traumatisierten Patienten mit einer Haltung des Haltens, Stützens, Spiegelns, Durcharbeitens, Konfrontierens, Verbalisierens, je nach Therapiephase umzugehen (Timmermann, Tiefenpsychologisch orientierte Musiktherapie, 96). Zurverfügungstellen des intermediären Spielraumes, in dem es darum geht Selbstwirksamkeit aufzubauen, die Selbstentwicklung zu fördern und eine intersubjektive Haltung zu erringen.

Das kann sowohl die Bereitschaft bedeuten Externalisierungen und eine Reinszenierung des Traumas auszuhalten, als auch eine positive, vergnügte (lustvolle) Zeit zu verbringen. Freude am Selbstausdruck zu wecken ist eine der wichtigsten Aufgaben, während Kontrolle über Inszenierungen zu erlangen ein Thema werden kann. Protektive Faktoren aufbauen wie einen Sicheren inneren Ort, um daraus auch Platzhalter im Außen (z. B. Musik, Instrumente) zu finden, findet nach meiner Erfahrung oft bei jungen Mädchen großen Anklang. Dies kann vor allem in Krisensituationen wichtig sein. Durch schuld- oder schambesetzte Situationen, oder durch den plötzlichen Wechsel einer gelungenen, Improvisation in eine evtl. enttäuschende Realität, oder durch übersensible Körperwahrnehmungen der Patienten können Brüche in der Musik oder im Kontakt entstehen, von denen aus schwer ein Übergang in die Sprache gefunden wird. Die Verantwortung für Einhaltung der Grenzen zu übernehmen ist gerade für den Fall einer Reinszenierung eine sensible Aufgabe. Manchmal stehen noch diagnostische Aufgaben im Vordergrund, oder es geht darum eine nonverbale Antwort auf Bewältigungsmuster zu bieten, wie dissoziatives Verhalten, Überaktivität, Aggression usw.

In vielen Fällen braucht es pädagogisches Handwerkszeug, um Ressourcen zu fördern, Selbstwert aufzubauen und neben dem Psychiatriealltag Anknüpfungspunkte

an frühere positive Lebenspunkte zu bekommen, oder um Scham- und Schuldgefühle eine Weile zu vergessen.
Die Fülle der sensorischen Angebote, um eingefahrene Beziehungsmuster zu umgehen und Phantasiewelten mit all ihren Möglichkeiten zu entdecken ist eine Voraussetzung der musiktherapeutischen Wirkung.
Musikinstrumente und Musik können Übergangsobjekt, Stellvertreter oder Hilfs-Ich in ihrem spezifischen Klang, Aussehen, der Komposition oder dem Spiel sein. Hier liegt eine große Ressource der Musiktherapie, denn die Instrumente haben einen so starken Symbolcharakter, dass sie oft alleine durch ihre Präsenz eine Vielfalt von Gefühlqualitäten und Rollen darstellen.

Musikmachen beinhaltet neben dem wichtigen Aspekt des Selbstgeschaffenen für traumatisierte Patienten die Möglichkeit einer Weiterentwicklung aus der Opferidentität heraus. So dient die Improvisation dazu eine alternative, entwicklungsoffene Welt zu schaffen (kein „traumatisiertes armes Würstchen in der Klapse", sondern ein Schlagzeuger in einer Band). Der offene Raum, der nicht durch das Thematisieren von Problemen festgelegt wird, kann wichtig zur Entfaltung der künstlerischen Kreativität und Persönlichkeit werden. Der übende Umgang mit Reizen kann als hilfreich erlebt werden.

In diesem Zitat von Wöller kann ich meine Erfahrungen sehr gut wiederfinden: „ … Im therapeutischen Prozess ergeben sich zahlreiche Gelegenheiten, die erstarrten Verhaltensmuster des Patienten zu erkennen und unter den aktuellen Bedingungen um alternative Möglichkeiten zu erweitern die in der traumatischen Situation nicht möglich waren … Muster sind überschaubar, lassen sich generalisieren und auf aktuelle und zukünftige Erfahrungen übertragen. Die Kontrolle über die Gestaltung ermöglicht der Patientin, den schützenden Widerstand gegen erneute Verletzungen so zu modifizieren, dass aktuelle positive Erfahrungen zugelassen und tatsächlich eintretende negative Erfahrungen abgewendet werden können." (Wöller 2006, 498).

Bei manchen Patientinnen geht es um eine Externalisierung, oder Reinszenierung des Traumas. Hier werden im interaktiven Raum traumatische Anteile handelnd in und als äußere Realität in Szene gesetzt, um danach auf einer anderen Symbolebene versprachlicht zu werden. Auch eine regressive Beziehung (zum Beispiel als Begleitung während eine Prozesses) um eine „heile" Welt, einen Ort der Sicherheit zu erhalten, und um neue positiv besetzte Körperwahrnehmungen anzubahnen kann Aufgabe der Musiktherapie sein.

Im Folgenden möchte ich positive Wirkungsweisen von Musiktherapie auf traumatisierte Kinder und Jugendliche zusammenfassen, ähnlich wie Wöller diese für die Bewegungsinteraktionen formuliert hat (Wöller 2006, 485).
- Durch Fokus auf Kompetenz und Einflußmöglichkeit beim Instrumentalspiel wird Angst gemindert und Autonomiegefühl gestärkt.

- Durch Rollentausch und in Spielen mit unterschiedlicher Abhängigkeitsfunktion (Führen – Folgen, Fallen – Auffangen, Aktiv – Passiv ...) werden die Ressourcen der Patienten gestärkt und ihm Mittel zur Begrenzung anderer an die Hand gegeben.
- Oft muß z.B. im Krisenzustand, zu Beginn einer Therapie, bei Patienten die von (zerstörerischer) Überakivität, starken Gefühlen oder ständiger verbaler Entäusserung des Traumas überschwemmt werden der Therapeut oder auch Instrumente eine Reizschranke und Regulierungsfunktion bieten.
- Hier muß erst die Handlungsebene als Weg zur Selbstentwicklung gebahnt werden. Die Musiktherapie hält hier über die Instrumente, die Möglichkeit Musik zu hören, sich von Außen über Aufnahmen oder Mikrofon wahrzunehmen, der Einschränkung der Sinne (im Dunkeln spielen, Pantomime, Musikhören) ein Füllhorn kinästhetischer Erfahrungsmöglichkeiten bereit.
- Durch selektives Spiegeln der musikalischen und emotionalen Resonanz stellen wir ein Modell dar, wie meist auditive Sinneswahrnehmung, aber natürlich auch das gesamte „Körpergewahrsein“ angewendet wird, um Beziehungen wahrzunehmen und zu steuern.

In der Musiktherapie mit traumatisierten Patienten achten wir darauf, wie das Medium Musik vom Betreffenden instrumentalisiert wird. Es kann zu einer Bewältigungsstrategie werden oder es kann zu einer Retraumatisierung führen. Es kann als Entlastung von aktuell Unaushaltbarem benutzt werden. Erfolgreich ist der kreative Ausdruck, wenn er zumindest in Richtung einer positiven Entwicklung weist.

Zu einer Entlastung und Konsolidierung kann das Zurverfügungstellen eines stressfreien Raumes, einer regressiven „haltenden“ Beziehungserfahrung, wie im folgenden Fall von Corinna führen.

Die 16-jährige Corinna befindet sich in einem Zustand posttraumatischer Belastungsstörung mit schwerer depressiver Episode, nach einem intrafamiliären sexuellen Missbrauch und extremer Vernachlässigungssituation im Kindesalter. Nachdem die ambulante Therapie nicht mehr ausreichend stützen kann, kommt Corinna über einen Zeitraum von eineinhalb Jahren immer wieder stationär in die Klinik, wobei sie dort glücklicherweise immer wieder von derselben Therapeutin und auf der gleichen Station aufgenommen wird. Während der Aufenthalte geht es um Stabilisierung, Aufbau des Selbstwertes, Beziehungsklärung zu den Eltern, Prozessbegleitung und Umgang mit Ängsten. Während der Aufenthalte und nachbetreuend hat sie Musiktherapie.

In der Musiktherapie signalisiert Corinna schnell, dass sie nicht aktiv spielen möchte. Sie entdeckt für sich eine Nutzungsmöglichkeit, in dem ich für sie spiele. Wir tasten uns über Klangeindrücke und ihre Wirkung auf den Körper zu angenehmen, positiven Klängen vor. Es etabliert sich immer stärker eine Entspannungsstunde, während der sie bei geführten Klangreisen Körperwahrnehmungen folgen kann. Sie genießt die Stunden und hat oft Skrupel, ob sie sich das „schon wieder holen“

darf. Corinna erlebt vor allem Bilder aus dem indianischen, schamanischen Kontext als hilfreich und stützend. Sie malt am Ende den bedeutendsten Eindruck und erzählt begeistert von einer reichen inneren Welt. Die Bilder und Gefühlseindrücke nimmt sie mit in den Alltag und versucht sie als Stütze zu nützen. Hier kommt es zu keiner Verarbeitung traumatischer Inhalte. Die Therapie wird als sicherer Ort erlebt. Das Bedürfnis der Patientin eine harmonische, stützende Stunde für sich nutzen zu können ist therapeutisch leitend. Aufgrund des vorsichtigen Vorgehens besteht keine Gefahr der Dissoziation, denn Corinna hat ein großes Bedürfnis ihre innere Welt zu erleben. Am Ende der Therapie, als sie bereits ambulant kommt, hat sie diese mütterliche Station verlassen um auf die verbale Ebene zu gehen und kann gut Abschied nehmen.

Ein Beispiel dafür, wie plötzlich und unerwartet wichtige Szenen entstehen ist in der Therapie Roberts entstanden, bei dem sich in den Stunden eine Spaltung, als Konfliktbewältigung inszeniert.
Der Aufnahmegrund sind suizidale Äußerungen, selbstgefährdende Handlungen (Versuch vor einen LKW zu laufen) und eine ausgeprägt depressive Symptomatik. Vater und Mutter sind getrennt und Robert lebt in Pflegefamilien.
Kurz nach seiner stationären Aufnahme kommt Robert in die Musiktherapie. Zu Beginn der Therapie ist er einige Male mit einem anderen Jungen zusammen. Robert passt sich vollkommen an und versucht immer wieder den anderen zu exponiertem Verhalten anzuregen, während er sich nicht zeigen kann. Als der Junge entlassen wird schleppen sich die Stunden dahin. Robert erbittet unbedingt Struktur, scheint aber damit auch unzufrieden. Hinter der aufrecht erhaltenen angepassten Fassade dräut ungut die Langeweile, von der ich annehme, dass sie als Platzhalter für dahinter verborgene schwer auszuhaltende Gefühle steht. Ich spüre die Schwierigkeit die Balance zwischen Zulassen und Strukturieren zu finden. Bei Robert war eine Panik vor einem offenen Raum spürbar, das löst in mir ein Gefühl von „ich muss ihm irgendetwas anbieten, aber eigentlich wird es nie das Richtige sein“ aus – eine Art hoffnungsloser Aktionismus.
Zu diesem Zeitpunkt kommt eine Praktikantin zu den Stunden dazu, wogegen Robert auch nichts einzuwenden hat. Da er schon etliche Improvisationsspiele kennt und ich den Eindruck habe er kann sich nicht vor „meinen Augen“ zeigen, biete ich ihm ein Spiel im Dunkeln an, z.B. Geisterbahn.
Robert willigt ein und wir treffen die entsprechenden Vorkehrungen. Innerhalb dieser Improvisation ergibt sich Folgendes. Zunächst lassen wir nur verschiedene Instrumente klingen. Robert reagiert nicht wirklich, er gibt nur proforma Klänge von sich. Die Praktikantin und ich treten über Klänge in Kontakt. Robert ist weiterhin nicht spürbar und steigt nicht auf das Spiel ein. Während wir mit „Geister spielen“ beschäftigt sind holt Robert das Keyboard hervor und lässt gleichzeitig ein Westernlied erklingen. Es entsteht der Eindruck, dass Robert uns auf Abstand hält. Er gibt auch immer wieder Antwort, wie um uns zufrieden zustellen und

wendet sich dann dem Keyboard zu, um das Westernlied abzuspielen, das wir oft für Jagden und Hüpfspiele verwendet haben. Am Ende meldet er zurück, dass ihm die Stunde gefallen hat und ich teile ihm meine Verblüffung über den Verlauf des Spiels mit.

In den nachfolgenden Stunden inszenieren sich Spiele mit Verletzten oder gequälten Tieren, die bei mir stark das Gefühl auslösen, dass ich aus diesen Situationen fliehen möchte. Robert kann gut zwischen Spielsituation und Regieanweisungen wechseln.

Inzwischen ist bekannt geworden, dass es zwischen Robert und einem anderen Patienten zu sexuellen Handlungen gekommen ist und Robert über einen längeren Zeitraum von einem Bekannten sexuell missbraucht wurde.

Den weiteren Verlauf der Musiktherapie möchte ich zugunsten der Analyse der entscheidenden beiden Stunden abkürzen.

Neben dem Stundenablauf (vor allem in der Anfangssituation), will Robert oft eine mitgebrachte CD hören. Das bringt mich in pädagogische Nöte und irritiert mich – zwei Angebote nebeneinander, das kann doch nicht gut sein. Doch Robert geht immer mehr in szenisches Spiel, wobei die konkrete Musik in den Hintergrund tritt. Traumatische Inhalte fließen in das Spiel ein und ein Wechsel in Opfer und Täterrolle findet statt. Grenzsetzung und Spiegeln stehen im Vordergrund. Im weiteren Verlauf bleibt Robert auf der Spielebene und tastet sich über Unfallversionen zu gefesselten, gefangenen oder gequälten Tieren vor. Meine Stimme und mein Körperausdruck werden zum Instrument. Spiegelung oder Verdichtung der emotionalen Situation über Instrumente hat er für sich nicht aufgesucht und von meiner Seite her abgelehnt. Mein Eindruck ist, dass ihm meine Musik zu weit außer seiner Kontrolle gewesen wäre. Er schafft sich eine Welt, in der er der Regisseur ist und kann sehr schnell zwischen Anweisung und Spiel wechseln. Das Keyboard bleibt begleitend als Spielaccsessoire, ohne klingen zu dürfen.

Neben dem Beziehungsaufbau ist das Anbieten von Spielen, in denen Inszenierungen einfließen können, (assoziative Improvisationsspiele, wie Geisterbahn, Reise, Personifizieren von Instrumenten) ein wichtiges Instrumentarium für Robert.

An meinen Gefühlen merke ich, wie schwer es für uns beide ist Tabus die Türen zu öffnen und schwer Auszuhaltendes im Spiel zuzulassen. Das erfordert mein Bedürfnis von diesen Situationen oder dem Missbrauch wegblicken zu wollen zu bewältigen, genau zu beobachten und Grenzen für mich und den Patienten zu wahren.

Für mich ist die „Geisterbahnstunde" die Initialstunde, denn hier wird die bedrohliche Welt abgespalten, um eine stabile Welt zu etablieren. Robert baut im Spiel eine Parallelwelt auf (ständiges Abspielen der Demoversion des Keyboards, während er ein anderes Spiel initiiert hat, eine Überspaltung von zwei Musik-/Emotionswelten. Die Therapeuten bekommen die Rolle der bedrohlichen Geister die sich irgendwo im Raum befinden, während er „heimlich" mit einer lebendigen, lustigen Welt beschäftigt ist. Zwei starke, konträre Gefühle sind im Raum und durch die verschiedene Rollenbesetzung kontrollierbar. Diese Spaltung ist produktiv, denn

damit lässt sich Robert auf einen musiktherapeutischen Rahmen ein und greift für sich auf ein eigenes Regelwerk zurück, um seine innere Spaltung zu inszenieren. Meine Verwirrung über das widersprüchliche Geschehen hat dazu geführt, dass ich das bedrohliche Gefühl nicht ausgespielt, sondern eher angetippt habe.
Im weiteren Therapieverlauf geht es darum, zu signalisieren die Therapeutin hält eine Zerstörung im Spiel aus und findet einen Ausdruck dafür. Die Wahl der Mittel wird dem Kind überlassen, um das Gefühl der Kontrolle über die Reinszenierung zu stärken. In mir erlebte ich Gefühle von Panik, Fluchtbedürfnis, Nichtwahrhabenwollen ... Dahinter steht die Grundhaltung das Kind via Opfer-/Täterintrojekt nicht weiter traumatisieren zu dürfen. Das gilt für mich auch in anderen Fällen für den Umgang mit Lautstärke, Attackieren von Instrumenten oder Personen. Hier gilt es Grenzen zu schützen, bzw. gemeinsam zu entwickeln.
Zum Therapieerfolg kann ich sagen, dass Robert seit der „Initialstunde“ gerne und eigenverantwortlich gekommen ist. Von Station wird rückgemeldet, er wirke nach der Musiktherapie entspannt und aufgehellt.

In manchen Fällen kann Musiktherapie kontraindiziert sein, so bei Diana.
Diana, ein 16-jähriges Mädchen, ist nicht freiwillig auf Station. Sie lebt nach einem offenbar gewordenen Missbrauch durch den leiblichen Vater in einer Pflegefamilie. Zur Aufnahme kam es durch fortgesetzt aggressiv, oppositionelles Verhalten in der Schule und den Verdacht einer Betreuungsperson, es könnte eine sexuelle Beziehung zum Pflegevater entstanden sein.
Diana kommt zur Musiktherapie mit der Indikation: „mehr emotionale Schwingungsfähigkeit“, und weil sie verbal schlecht zu erreichen ist.
Ich stelle die erste Stunde dar.
Diana ist oberflächlich angepasst und lässt sich die Instrumente zeigen, kann für sich keinen rechten Bezug finden, lässt sich aber schließlich auf ein Spiel mit den Xylophonen ein. Im Dialog reagiert sie nur, indem sie abwechselnd mit mir spielt und stellt keinen Bezug zur musikalischen Gestalt oder dem transportierten Gefühl her. Im gemeinsamen Spiel kann ich sie nicht mehr spüren. In der Gegenübertragung habe ich ein ungutes Gefühl, wie wenn ich durch weitere Versuche, sie aus der Reserve zu locken, ein gewaltsames oder zumindest von ihr ungewolltes auf bzw. in sie eindringen wäre, gegen das sie sich nicht wehren würde, sondern in das sie sich ergeben würde. Deswegen verzichte ich auf weitere Versuche sie zu bespielen oder mit musikalischen Interventionen aus der Abwesenheit holen zu wollen. Ich breche die Improvisation ab und melde ihr zurück, dass ich das Gefühl hatte, sie sei abwesend und frage, wie es ihr bei der Improvisation ging. Diana bestätigt, dass sie „nicht bei der Sache war“ was sie gedacht hat, weiß sie nicht und sie gesteht, dass sie das Spiel langweilig findet, so kann ich nicht sicher sein, ob sie nicht während des Spieles dissoziiert und was das für sie bedeutet. Wir bleiben in der Unterhaltung über Alltagsdinge und ich unternehme keinen Versuch mehr sie in eine Improvisation zu bringen. Diana kommt nur zweimal, bevor sie wegen mangelnder compliance entlassen wird.

Für mich entsteht der Eindruck, dass Musik hier als Medium zur Dissoziation genutzt wird. Dissoziation bedeutet zunächst Schutz und kann somit ein positives Element sein, im Sinne einer Reaktion auf zu starke Anforderung, oder einer Abwehr emotionaler Inhalten. Möglicherweise ist dies ein habitualisiertes Muster. Trotzdem empfinde ich Musik hier als kontaminierten Bereich, denn ich weiß nicht welche Prozesse ich durch meine musikalisches Eindringen in Gang setze, zudem scheint sie noch nicht in einem Stadium zu sein, in dem sie mir Signale geben kann, was ihr zuzumuten ist. Der Wechsel der Symbolebene bringt Diana in einen Bereich, den sie gut kontrollieren kann, da die Sprache lenkbarer ist. Es ist Aufgabe der Therapeutin, die Patientin zu schützen und aufgrund der Achtsamkeit auf Brüche kann eine mögliche Retraumatisierung gebremst werden und die Dissoziation der Patientinn therapeutisch sinnvoll genutzt werden.
Das geschieht im Einklang mit den phänomenologisch wahrnehmbaren Eindrücken. Eine Analyse der Höreindrücke und das genaue Überprüfen der eigenen musikalischen Reaktionen, zeigen dass es besser ist abzubrechen. Im Gespräch zeigt sich auch dass die Patientin keine Therapie will und das ist zu respektieren. Sonst wird Musik als reine Wiederholung benutzt.

Musik kann als Möglichkeit zur Externalisierung genutzt werden.
Externalisierung ist Sammelbegriff für projektive Prozesse – psychische Vorgänge bei denen, belastend erlebte intrapsychische Inhalte nicht als die eigenen erkannt, sondern der äußeren Welt, insbesondere anderen Menschen zugeschrieben werden – so können aggressive Impulse, Stimmungen, Wünsche, Konflikte nach „außen" verlegt bzw. projiziert werden. Es können auch neu entstehende phantasierte Objekte und sonstige Weltbezüge sein, in die die eigenen Wünsche, Aggressionen projiziert werden (Waldvogel, pa Grundbegriffe).
Mentzos führt den Begriff Realexternalisierung ein, als Sammelbegriff für Exkorporation, Projektion und Selbstobjektivierungen, ein Beispiel hierfür ist die Mutter, die ihre Kinder anschreit und sich, als sie realisiert, dass dies die Reaktion ihres Vaters gewesen wäre, erbricht (ebenda).
Externalisierung meint einen über die reale Projektion hinausgehenden Vorgang, bei dem durch unbewußte oder halbbewußte Manipulation der Realität oder durch entsprechendes vorwegnehmendes Ausselektieren der Objekte, eine Quasi-Objektivierung des Inhaltes der Projektion erreicht wird (Real-Externalisierung). Delegationen innerhalb des Familiensystems (Stierlin) können auf solchen Externalisierungen basieren. Die Realexternalisierung ist kein rein intrapsychischer, sondern ein interpersoneller, ein psychosozialer Abwehrmechanismus. Die Umwelt wird zum Zwecke der Strukturaufrechterhaltungung und Selbststabilisierung reguliert. Die projektive Identifikation ist (wenigstens in ihrem projektivem Anteil) eine Variation der Realexternalisierung. Auch in diesem Fall bewirkt der Betreffende eine Veränderung, egal auf welchem Wege beim Partner oder beim Objekt.
Anna Freud beschreibt Externalisation in der Kinderanalyse so, daß die Person des Analytikers benutzt wird um den einen oder den anderen Persönlichkeitsanteil

des Patienten zu repräsentieren. Nach Brodey ist Externalisierung eine derartige Projektion, die durch Manipulation der Umwelt versucht den Inhalt der Projektion zu verifizieren. (Manipulation zwecks Validierung der Projektion). Der Therapeut realisiert dies in der Gegenübertragung und kämpft dagegen an, muß aber um der Beziehung willens zumindest teilweise mitmachen. Es ist zwischen defensiver Externalisierung und expressiver Externalisierung zu unterscheiden. Die defensive Projektion oder Realexternalisierung ist ein defensiver Abwehrmechanismus und dient der Verschleierung eines nicht akzeptierten Selbstanteils.

Die expressive, oder schöpferische Externalisierung dient einer, das Ich entlastenden, besseren oder differenzierteren Wahrnehmung und Anschauung der eigenen Person. Die expressiven Externalisierungsprozesse sind Konzepte, um einen Kreislauf der aufeinanderfolgenden Indentifikationen und Selbstobjektivierungen zu erfassen. Eine Untersuchung, von Berührungspunkten, Umwandlungen, Veränderungen und Funktionswandel bei defensiven und expressiven Externalisierungen würde die Wirkungsweise von Musiktherapie verstehen helfen. Denn, wo es um Verwandlung und Ineinandergreifen der beiden Externalisierungsprozesse geht, entstehen Veränderungen (Waldvogel in Mertens, 182ff.).

Ein traumatisierter Patient kann das Spiel des Therapeuten als aggressiv empfinden, evtl. aus seinem Wiederholungszwang, „man kann mir nicht helfen, man wird mir nicht helfen ich werde wieder ‚vergewaltigt'". War das Spiel des Therapeuten nicht aggressiv, waren hier vielleicht projizierte Täterintrojekte ausschlaggebend für die Interpretation des Patienten. Der Therapeut kann nun über Analyse der musikalischen Parameter, über Anhören der Aufnahme mit dem Patienten zusammen eine neue Wahrnehmung möglich machen, die zu neuen Identifikationsmöglichkeiten führt.

Ein Ineinandergreifen von expressiver und defensiver Externalisierung, wird im folgenden Bsp. von Peter deutlich. Peter ist zum Zeitpunkt der stationären Aufnahme 16 Jahre. Er kommt freiwillig aus einem Obdachlosenheim, in dem er nach einer Odyssee gescheiterter Jugendamtsmaßnahmen gelandet ist. Er möchte sich einer stationären Therapie zur Behandlung seiner Enkopresis (Einkoten) unterziehen. Seit seinem vierten Lebensjahr befindet er sich in unterschiedlichen Pflegefamilien und Heimen (die längste Maßnahme dauerte 5 Jahre). Die leibliche Mutter selbst hatte eine Heimkindheit und als Ältestes von 10 Kindern ist ihre Kindheit von Vernachlässigung gekennzeichnet. Peters Störung gehört zu den Beziehungs- und Bindungstraumatisierungen. Zur Diagnose der drohenden Persönlickkeitsfehlentwicklung möchte ich Wöller zitieren, der meint: „Persönlichkeitsstörung ist eine interpersonelle Form der Emotions- und Beziehungsregulierung" (Wöller 2006, 54).

Auf Station kommt es aufgrund seines aggressiven Verhaltens immer wieder zu Schwierigkeiten.

Peter kommt bald nach der Aufnahme Musiktherapie, um in Kontakt mit seiner Aggression zu kommen.

Peter inszeniert sich von Anfang an als kontaktabwehrend, bestimmend, verbunden mit einer gewissen grenzüberschreitenden Kumpelhafigkeit. Es entsteht keine

Lücke im Reden und Tun, in der irgendeine Intervention oder Vorstellen meiner Person möglich ist. Das Bild eines Gefangenen zwischen selbsdarstellerischem Grössenwahn und Zusammenbruch jedweden Selbstwertes bei einer offenen, für ihn nicht kontrollierbaren Situation entsteht. So spielt er den Anfang der Elise, geht dann auf potente Instrumente (E-Gitarre, E-Baß) zu, bei beiden Darstellungen versagt in seinem Wunsch nach großartiger Selbstdarstellung. Die freie Exploration ist zu offen. Dieses Scheitern bringt ihn in eine schambesetzte Situation, so dass ein weiteres Explorieren der Instrumente ausscheidet. Peter kann sich auch auf nonverbale Angebote oder pädagogische Struktur nicht einlassen. Bei mir werden unterschiedliche Gefühle ausgelöst: Hilflosigkeit, Benutztwerden, Ignoriert werden aber auch Verwirrung und Tumbheit (das Gefühl, nicht genau wahrnehmen zu können). Der Geruch (durch die Enkopresis) ist unangenehm, aber auszuhalten. Wir wechseln in den sprachlichen Bereich, den Peter besser kontrollieren kann. Er möchte über Musik (bestimmte Gruppen) sprechen und verspricht die Musik mitzubringen. Die nächste Stunde organisiert sich Peter selbst von der Krisenstation aus. Von dieser Stunde an steht das Hören von Musik und Reden über Musik im Mittelpunkt. Der kleinste gemeinsame Nenner, auf den er sich einlassen kann ist, dass wir beide gleichzeitig Hören und dies ist gleichzeitig die größte Ressource, die Peter bieten kann. Zuerst „tippt" er die Lieder nur an kann sich aber dann auf ein intensives gemeinsames Erleben einlassen, er findet Gefallen daran mich bestimmten Gefühlszuständen, z.B. aggressiver Art, auszusetzen und beobachtet wie ich darauf reagiere. Das Spektrum reicht von Eminem über Megaherz, verschiedene Popgruppen bis zu Xavier Naidoo. Zunehmend können wir über das Gehörte sprechen, erst rein phänomenologisch und schließlich kann ich mein Erleben anbieten. Oft kann ich mir nur über das Gehörte eine Orientierung schaffen. In der vierten Stunde bringt er ein Lied mit „Liebestöter" von Megaherz, das er sehr laut macht und gleichzeitig will er sich mit mir unterhalten. Jetzt lenke ich den Fokus auf mein Erleben. Im Hören merke ich, dass es um eine Vergewaltigung geht (es ist ein deutsches Lied). In der Gegenübertragung komme ich mir benutzt und mundtot gemacht vor. Ich unterbreche und frage ihn zu seiner Wahrnehmung des Liedes, Peter meint er hört es, wenn er wütend ist und, als ich seine Wahrnehmung auf den Text lenke, ist er verwirrt, ungehalten, wirkt wie ertappt und ist nicht mehr bereit darüber zu reden. Ich kann noch sagen wie die Musik auf mich gewirkt hat, worauf er aktuell nicht eingehen kann, was auch nicht zu erwarten und nicht notwendig ist. Peter hat gehört, dass ich ihn wahrgenommen habe und durch die Lieder Zeuge seiner verschiedenen heftigen Emotionen geworden bin.

Ich möchte in diesem Zusammenhang von einer expressiven Externalisierung sprechen – nicht wegen einer evtl. sexualisierten Gewalt, sondern wegen seiner überwältigenden Frustration in der Beziehungserfahrung. In vielen Tagesresumées, die Peter auf Station schreiben muss, kommen Sätze wie: „... immer muss ich der Dienstbote, der Depp usw. sein, die wollen mich nur schikanieren ...". Das Bemühen sich vordergründig anzupassen, bei brodelnder Wut und dem ahnungsvollen

Wissen, dass es nicht klappen wird (vielleicht auch nicht darf), zeigt in dieser Stunde die Darstellung der beiden parallelen Welten. Bei allem, was wir gehört haben war dies der dichteste Kontakt. In der nächsten Stunde hören wir „Abschied“ von Xavier Naidoo. Für Peter ist das Thema des Liedes Suicid und er berichtet davon, wie er ein Mädchen von Selbstmord abgehalten hat. Im Erleben der Situation ist für mich nicht Trauer spürbar, sondern der starke Wunsch ein heiler, strahlender Ritter Peter zu sein. Es wirkt so, als wäre diese Phantasie für ihn überlebenswichtig und eine Ressource bei aller negativen Selbstbestätigung. Dementsprechend ist es auch wichtig Peters Ritterseite zu hören. Inzwischen muss Peter nicht mehr über Geruch Abstand halten. Auf eine Konfrontation meinerseits, er könnte auch einmal auf einen Spielvorschlag von mir eingehen, kann er auf eine Improvisation einwilligen. Zunächst will er die Bongos spielen, doch Peter wirkt beim Spiel ungeschickt und wenig glücklich, auch bei mir entsteht bei der Berührung seiner Hände auf der Trommel ein bedrohliches Gefühl. Wir wechseln, Peter zum Schlagzeug und ich spiele Konga. Peter ist ängstlich, ob das Schlagzeug ihn aushält, kann sich aber auf das Spiel einlassen. Es wird ein gutes gemeinsames Spiel. Peter muß nicht bestimmen, geht mit Rhythmuswechseln mit, ohne Aggressivität. Wir spielen eine Weile und es entsteht ein gemeinsamer Raum, ein schönes gemeinsames Erleben ohne Machtkampf. Am Ende ist Peter gelöster Stimmung. Es bleibt das einzige Mal, dass wir zusammen Musik machen. Peter signalisiert über den Kontakt die Endphase der Therapie. Der Aufenthalt in der Klinik bekommt jetzt eine andere Richtung, denn Peter soll anschließend in eine intensivpädagogische Maßnahme eingegliedert werden. Spürbar wird der Kontakt über die Musik flacher und auch die angebotenen Lieder belangloser. Einmal bringt er sein Akkordeon mit und bespielt mich mit Liedern, die er einmal mit viel Ehrgeiz erlernt hat und die so starr wirken wie seine Bewältigungsversuche. Den Abschied muss er mit Worten und Aggression gegenüber der Station abwehren.

Peter erlebt in der Musiktherapie Augenblicke einer positiven Beziehung, die es ihm erlauben seiner Gefühlswelt Ausdruck zu geben und kann aushalten, dass die Therapeutin daran Anteil nimmt.

Über das Musikhören entsteht ein positives Introjekt im Sinne eines zuhörenden und darin Peter wahrnehmenden Gegenübers, vielleicht ermöglicht ihm das neue Beziehungschancen.

Es ist eine Beziehung entstanden, in der die Therapeutin als für seine Selbstwahrnehmung relevantes Gegenüber zur Verfügung steht. In diesem interpersonellen Gefüge kann Peter die Therapie zur Affektregulierung und zur Ausdifferenzierung und Veränderung der Emotionen, die durch die Musik im Raum sind nutzen. Es bietet sich ihm die Möglichkeit an, einen Zeugen zu haben, das heißt nicht alleine mit aggessiven Impulsen und Opfer-/Täterintrojekten zu sein und diese in der Beziehung als veränderbar zu spüren. Damit kommt Peter selbst auf ein neues Entwicklungsniveau und erreicht Übertragungsdistanz.

Peter kann seine Retension symbolisch auflösen, indem er seinen in der Stuhlretension gedeckelten Gefühle externalisierend Ausdruck verleihen lässt. Er schafft von sich aus einen intermediären Raum und kann über Musikrezeption und Symbolisierung in der Sprache Druck ablassen und Kompromisse eingehen. Aggression und Kontakt sind gleichzeitig möglich, zunächst gespalten, dann kontakthaft werden die Emotionen gehalten. Peters Wahl mit mir Lieder, die ihn betreffen zu hören, ist für mich sehr gut nachvollziehbar. Ähnlich, wie z. B. Schostakowitsch ein Symphonieorchester braucht, um alle seine empfundenen Aspekte der Belagerung St. Petersburgs zu hören (7. Symphonie), braucht Peter den musikalischen Ausdruck verschiedenster Gruppen um seine emotionale Lage gespiegelt zu sehen, mein Spiel hätte ihm das nicht bieten können. Nach meiner Einschätzung hätte er es auch nicht ausgehalten mir seine unvoreingenommene Aufmerksamkeit zu schenken, um zu prüfen, ob mein Spiel zu seinen Emotionen passt. Als Interpreten seiner Emotionen hat er Eminem gewählt, um dessen aggressives Element und die Brutalität in der Musik mitzuspüren. Bei Megaherz stehen einlullende Klänge vor brutalen Texten und einige der Instrumente (Baß, Schlagzeug) übernehmen aggressive Funktionen. Xavier Naidoo symbolisiert in Wort und Melodie den traurigen Retter, der nicht helfen konnte, in dieser von eigenen Gefühlen distanzierten Darstellung kann Peter das Mitschwingen auf sanften, melancholischen Emotionen mitvollziehen.

Die Jugendlichen und vor allem die Kinder haben alle ein Interesse daran, Spaß zu haben und so ist für mich die Geschichte und Musik aus Strawinskys Feuervogel ein Leitbild. Es symbolisiert die Vorstellungen von Wiedergeburt und Wiederherstellung. Wenn man sich zu der Musik Strawinskys bewegt, wird man von schnellen Wechseln zwischen Zärtlichkeit, Spaß und Raserei getrieben, die eine enorme innere Bereitschaft fordern, diese Wechsel auszuhalten, mitzuvollziehen und im Ernstfall das Ei mit der Seele des Zauberers zu zerbrechen, um die gefangenen Seelen zu befreien. Diese Heldenvorstellung ist für mich wichtig, um ein Signal zu setzten, dass ich etwas aushalte und wenn es der Respekt gegenüber der ewig wiederholten Platte von Symptomen ist.
In meiner Arbeit bedeutet das: traumatisierte Kinder und Jugendlich brauchen eine starke relevante Person, die Signale aussenden kann, das Sie bereit ist traumatische Inhalte zu verarbeiten, die einen Rahmen bieten kann in dem pädagogische Struktur auf einer tiefenpsychologischen Basis ruht und die alles andere in den Hintergrund stellen kann, wenn das Kind aufzufinden bereit ist, was die Therapie bietet. Das alles erscheint mir jedoch sehr schwierig, so dass es für mich wie der Tanz mit dem Feuervogel ist.

Musiktherapeutische Traumaarbeit mit Klienten nach erworbener Hirnschädigung

Edith Zahler

Einleitender Überblick

Nach einer kurzen Vorstellung der Klientengruppe werden die Besonderheiten eines psychischen Traumas nach einer akut erworbenen Hirnschädigung diskutiert. Das Trauma dieser Klienten wird vom psychischen Störungsbild der posttraumatischen Belastungsstörung abgegrenzt, und die speziellen Aspekte der Traumatisierung werden aus psychoanalytischer Sicht beleuchtet. Betreffend der musiktherapeutischen Traumaarbeit mit dieser Klientel werden Indikationen, Zielsetzungen und mögliche musiktherapeutische Vorgehensweisen referiert. In einem abschließenden Fallbeispiel wird gezeigt, dass es auch bei erheblicher kognitiver Einschränkung des Klienten möglich ist, existenziell bedrohliche Themen und damit verbundene heftige Affekte auf der musikalischen Handlungsebene durchzuarbeiten.

Die Klientengruppe

Da mein Vortrag bezüglich der Klientengruppe auf dieser Tagung exotisch anmuten mag, möchte ich eine kurze Vorstellung vornehmen: Gemeinsam ist allen Klienten, dass sie eine Schädigung des Gehirns erlitten haben. Dabei bezeichnet die Terminologie *akut erworbene Hirnschädigung*, dass die davon betroffenen Menschen vor dem schädigenden Ereignis gesund waren. Mögliche Ursachen für die Verletzung des Gehirns können u.a. sein: ein Schlaganfall, ein Schädel-Hirn-Trauma (bedingt durch eine direkte Gewalteinwirkung auf den Kopf), eine Sauerstoffunterversorgung im Gehirn (z.B. bei einer Reanimation), eine Entzündung des Gehirns oder ein Hirntumor.

Führt man sich vor Augen, dass das Gehirn das zentrale Steuerungsorgan für alle körperlichen, geistigen und psychischen Funktionen ist, so erscheint es einleuchtend, dass als Folge einer erworbenen Hirnschädigung verschiedene Funktionsbereiche beeinträchtigt sein können (Prosiegel 2007): Direkt nach dem Ereignis der Hirnschädigung kommt es häufig zu Störungen des Bewusstseins (Bewusstlosigkeit/Koma, Wachkoma), später werden oft kognitive Störungen auffällig, welche u.a. geistige Basisleitungen wie Aufmerksamkeit, Konzentration und Merkfähigkeit sowie die kognitive Belastbarkeit betreffen und unter der Diagnose organisches Psychosyndrom (ICD-10: F07.2) zusammengefasst werden. Des Weiteren sind Ausfälle in den Bereichen Motorik (z.B. Lähmungen) und Sensorik (z.B. Gesichtsfeldeinschränkung) möglich. Auch die kommunikativen Fähigkeiten können beeinträchtigt sein (z. B. Aphasie) ebenso wie der gesamte affektiv-emotionale und damit der Persönlichkeitsbereich: Mögliche Störungen betreffen hier Stimmung, Antrieb und Impulskontrolle (z. B. beim Frontalhirnsyndrom) und führen zu Veränderungen im Sozialverhalten. Kommt es durch die Hirnschädigung zu Narbenbildungen im Gehirn, können daraus auch epileptische Anfälle resultieren.

Erwähnt werden muss, dass die Gruppe der Personen, die durch ein akutes Ereignis eine Hirnschädigung erworben haben, ausgesprochen heterogen ist: Die konkreten Auswirkungen für den einzelnen Betroffenen sind abhängig von Ort und Ausmaß der jeweiligen Hirnschädigung. Ebenso vielgestaltig sind auch die möglichen Verläufe nach der Hirnverletzung: Grundsätzlich ist ein solches Ereignis als lebensbedrohlich einzustufen, so dass einige der Patienten sofort nach dessen Auftreten oder während der Akutbehandlung auf der Intensivstation sterben. Des Weiteren gibt es Fälle, in denen der Betroffene aus dem Wachkoma nicht mehr aufwacht oder in denen er das Bewusstsein zwar wiedererlangt, aber die Folgen der Hirnschädigung so gravierend ausfallen, dass er auf Dauer voll pflegebedürftig ist.

Meine eigene musiktherapeutische Tätigkeit findet in einem Rehabilitationszentrum der österreichischen Unfallversicherungsanstalt statt, das auf die späte Phase der Neurorehabilitation nach Schädel-Hirn-Trauma spezialisiert ist. Alle meine Klienten befinden sich in der Rehabilitationsphase D, d. h. sie verrichten die wichtigsten Alltagsleistungen (z. B. Körperpflege) bereits selbstständig und können mithilfe eines persönlichen Zeitplanes eigenverantwortlich ihre Therapiestunden wahrnehmen.

Das psychische Trauma nach einer erworbenen Hirnschädigung

Der Ausgangspunkt für meine Auseinandersetzung mit der Thematik der psychischen Traumatisierung bei der eben beschriebenen Klientengruppe ergab sich aus der Tatsache, dass in keiner Weise ein Konsens darüber besteht, ob Menschen nach einer erworbenen Hirnschädigung unter einem psychischen Trauma leiden bzw. überhaupt darunter leiden können. Nach meiner Wahrnehmung sind einzelne Betroffene sehr wohl traumatisiert – gleichzeitig stelle ich im interdisziplinären Austausch fest, dass die von mir formulierte Zielsetzung der „Bearbeitung eines psychischen Traumas“ regelmäßig auf großes Befremden stößt, das andere psychotherapeutische Zielsetzungen wie z. B. „Krankheitsverarbeitung“ nicht hervorrufen.

Auch auf der Ebene der Fachliteratur finden sich unterschiedliche Sichtweisen bezüglich des Vorliegens einer psychischen Traumatisierung bei dieser Klientel: Während in der musiktherapeutischen Literatur (vor allem zu den frühen Rehabilitationsphasen) häufig auf das psychische Trauma der Klienten Bezug genommen wird (vgl. Baumann und Gessner 2004: 30 Nennungen zum Begriff Trauma im Index, wobei bei der Mehrzahl das psychische Trauma gemeint ist), findet dieses in der neurologischen und neuropsychologischen Literatur kaum Erwähnung.

Abgrenzung vom Trauma im Sinne einer posttraumatischen Belastungsstörung

Meines Erachtens liegt der Grund dafür, dass die psychische Traumatisierung der von einer akuten Hirnschädigung Betroffenen umstritten ist, darin, dass sich dieses Trauma in den allermeisten Fällen nicht durch die Diagnose posttraumatische Belastungsstörung (ICD-10: F43.1) erfassen lässt. Das ist insofern von Bedeutung, da diese Diagnose am engsten mit der Thematik der psychischen Traumatisierung in Verbindung steht und alle Konzepte der Traumatherapie (Flatten et al. 2004; Herman 2006; Hofmann 2006; Huber 2004, 2005; Reddemann 2005 a, 2005 b) darauf zugeschnitten sind.

Eine *posttraumatische Belastungsstörung* wird durch ein überwältigendes traumatisches Ereignis (Todesnäheerfahrung) verursacht, während welchen der Betroffene von grauenhaften, unaushaltbaren Emotionen überschwemmt wird und gleichzeitig weder dagegen ankämpfen noch davor fliehen kann. Um sich vor dem Unerträglichen zu schützen, dissoziiert er Teile seines Erlebens, die dann in einem vom biographischen Gedächtnis unabhängigen Traumagedächtnis gespeichert werden. Kommt es als verzögerte Reaktion auf die Extrembelastung zum psychischen Störungsbild einer posttraumatischen Belastungsstörung, so werden abgespaltene Teile der traumatischen Erinnerung in Hier-und-Jetzt-Qualität wiedererlebt (Huber 2005).

Vollkommen anders liegt der Fall bei einer akut erworbenen Hirnschädigung, weil der Betroffene in den allermeisten Fällen zeitgleich mit dem Ereignis der Hirnschädigung das Bewusstsein verliert: Zwar ist er in diesem Moment einer unumstritten lebensgefährlichen Situation ausgesetzt, aber durch die unverzüglich eintretende Bewusstlosigkeit kann diese zur Gänze nicht wahrgenommen werden. Die Bewusstlosigkeit fungiert hier als Schutz: Sie setzt ein, bevor noch irgendetwas erlebt werden kann. Aus diesem Grund gibt es auch nichts Beängstigendes, vor dem sich das Individuum schützen muss, indem z. B. Teile des Erlebens dissoziiert werden. *Somit fehlt die Voraussetzung, dass sich später eine posttraumatische Belastungsstörung ausbilden kann.*[1]

1 *Erklärung zu der zeitgleich mit dem Ereignis der Hirnschädigung eintretenden Bewusstlosigkeit:* Diese hängt mit der Art der Verletzung selbst zusammen. Ein anschauliches Beispiel dafür bildet ein schweres Schädel-Hirn-Trauma. Dabei werden Hirnsubstanz und Blutgefäße zerstört. Es kommt zum Anschwellen des Hirngewebes, verbunden mit einem gesteigerten Hirndruck und Sauerstoffmangel (Oder und Wurzer 2006). Der Betroffene verliert sofort das Bewusstsein. Später unterliegt das komplette Unfallgeschehen einer Amnesie, die durch nichts aufhebbar ist.
Der Genauigkeit willen: Im Falle von Hirnschädigungen, bei denen es rasch zu einer Sauerstoffunterversorgung im Gehirn kommt, ist die zeitgleich eintretende Bewusstlosigkeit unvermeidlich. Liegt dagegen eine räumlich sehr eingegrenzte Hirnschädigung vor, wie sie zum Beispiel bei einem Schlaganfall auftreten kann, behält der Betroffene u. U. das Bewusstsein, und eine posttraumatische Belastungsstörung als Folgeerscheinung bleibt nicht gänzlich auszuschließen. Da im Folgenden aber gerade diejenigen Aspekte der Traumatisierung beleuchtet werden, die nicht auf ein bewusstes Erleben der traumatischen lebensgefährlichen Situation zurückzuführen sind, finden die vereinzelten Fälle, in denen ein Betroffener doch eine posttraumatische Belastungsstörung ausbildet, keine weitere Berücksichtigung.

Beschreibende Annäherung an das Trauma dieser Klienten

Nachdem festgestellt wurde, dass ein Trauma im Sinne einer posttraumatischen Belastungsstörung in den meisten Fällen von Anfang an ausgeschlossen ist, tritt die Frage in den Vordergrund, wie sich die psychische Traumatisierung eines von einer erworbenen Hirnschädigung betroffenen Menschen beschreiben lässt. Ich möchte hier nochmals darauf verweisen, dass v.a. in der musiktherapeutischen Literatur (Baumann und Gessner 2004) sowohl diese Klienten als traumatisiert als auch ihre Lebenssituationen als traumatisierend beschrieben werden. Da in der Musiktherapie der Kontakt mit dem Klienten nicht von vornherein eine Widmung im Sinne einer diagnostischen Untersuchungssituation oder eines funktionellen Trainings hat, sondern gerade seine emotionale Befindlichkeit im Zentrum der Therapie steht, scheint es sich also um eine spezielle Qualität der emotionalen Befindlichkeit der Betroffenen zu handeln, die häufig und übereinstimmend mit dem Wort „traumatisch“ beschrieben wird.

Führt man sich nochmals vor Augen, dass die meisten Betroffenen im Augenblick der Hirnschädigung das Bewusstsein verlieren und zudem häufig zu Beginn der neurologischen Behandlung eine ausgeprägte Störung des Bewusstseins vorliegt (Koma/Wachkoma), so muss Folgendes betont werden: *Spezifisch für diese Gruppe von Menschen ist es, dass die traumatisierende Situation erst mit dem Wiedereinsetzen des Bewusstseins beginnt, d.h. mit dem Wiedererlangen der Wahrnehmungsfähigkeit. Das psychische Trauma dieser Personen ist stark auf die Veränderung der gesamten Lebenssituation bezogen. Es besteht in einem gewahr werden, „im falschen Film“ zu sein. Dabei findet ein massiver Anschlag auf die Identität des Betroffenen statt, der alle Bewältigungsmechanismen überfordert* (vgl. Abb. 1) – und zwar gerade deswegen überfordert, weil viele höhere Hirnfunktionen, welche die Grundlage psychisch-geistiger Verarbeitungsprozesse bilden, selbst von der Schädigung betroffen sind. Aus diesem Grund kann das Individuum nicht auf bewährte Bewältigungsstrategien zurückgreifen und ist der unerträglichen neuen Lebenssituation besonders schutzlos ausgeliefert. *Der betroffene Mensch erlebt sich plötzlich aus den vertrauten und sicheren Gegebenheiten seines Lebens herausgerissen und von einer fremden, schrecklichen Realität überwältigt, in welcher er, körperlich und geistig beschädigt, sich selber fremd und in seinen gewohnten Fähigkeiten verändert ist* (vgl. Baumann 2004 a, 2004 b; Lunau 2004).

Spezifisch ist außerdem, dass die alte konkrete und sichere Situation durch eine höchst unklare und unsichere Situation abgelöst wird: Über einen langen Zeitraum hinweg (oft 1–2 Jahre; Oder und Wurzer 2006; Prosiegel 2007) herrscht Ungewissheit, inwieweit die momentan eingeschränkten Fähigkeiten des Betroffenen rehabilitiert werden können bzw. inwieweit die Auswirkungen der Hirnschädigung sein Leben im Sinne einer bleibenden Behinderung verändern werden.

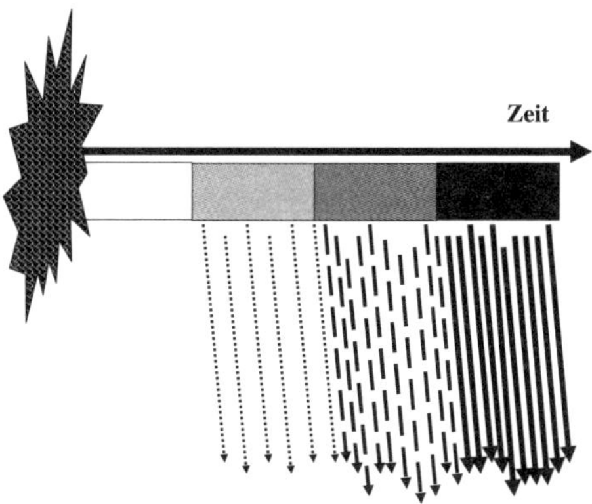

Abb. 1: Das psychische Trauma nach einer erworbenen Hirnschädigung. Ein von einer erworbenen Hirnschädigung Betroffener beginnt mit Wiedererlangen seines Bewusstseins, die Veränderungen in seiner gesamten Lebenssituation wahrzunehmen. Dabei erlebt er einen massiven Anschlag auf seine Identität, der seine Bewältigungsmechanismen massiv überfordert.
Legende: Der Stern auf der linken Seite bezeichnet das Ereignis der Hirnschädigung, der waagrechte Pfeil nach rechts und die darunter liegende Reihe von Feldern in Grauabstufungen verdeutlichen das Zurückkehren des Bewusstseins im Verlauf der Zeit. Die nach abwärts führenden Pfeile zeigen die zunehmende Fähigkeit des Betroffenen, etwas wahrzunehmen.

Je nach der individuellen Situation sind die traumatisierenden Lebensbedingungen anders gelagert. So können zum Beispiel auch Veränderungen in wichtigen zwischenmenschlichen Beziehungen (z. B. durch den Verlust eines nahen Angehörigen durch Tod oder Beziehungsabbruch) mit zur neuen Lebensrealität gehören. Charakteristischerweise tritt häufig eine Kumulation von Anschlägen auf die Identität des betroffenen Menschen aus unterschiedlichen Bereichen ein, die zu einer *schwerwiegenden psychischen Verunsicherung* führen können.

Psychoanalytische Sichtweise der Traumatisierung

Zu den Punkten, die bisher allgemein beschreibend zusammengefasst wurden, sollen im Folgenden einzelne Aspekte inhaltlich genauer herausgearbeitet werden. Dazu werden die psychischen Auswirkungen der von den Betroffenen erlebten Veränderungen aus psychoanalytischer Sicht diskutiert.

Massiver Verlust von Fähigkeiten

Der Betroffene erlebt sich im Vergleich zu früher in seinen Fähigkeiten eingeschränkt und muss erkennen, dass auch seine Versuche, diese Situation zu beeinflussen, weitgehend wirkungslos bleiben, was sein Ohnmachtgefühl zusätzlich verstärkt. Psychoanalytisch wird dieses ausgeprägte Erleben der eigenen Unfähigkeit mit dem Begriff der *narzisstischen Kränkung* beschrieben: Der Betroffene empfindet sich infolge seiner Unzulänglichkeit seinem narzisstischen Ideal gegenüber als etwas wertloses – was emotional von Unsicherheit und Scham begleitet werden (Grunberger 2001) oder narzisstische Wut auslösen kann.

Verlust der körperlichen Integrität

Eine erworbene Hirnschädigung führt häufig zu Bewegungsstörungen (z.B. Lähmungen), ein Schädel-Hirn-Trauma auch zu direkten körperlichen Verletzungen, etwa zu Frakturen der Schädeldecke oder des Gesichtsschädels. Angesichts dieser einschneidenden und umfangreichen Folgen stellt sich die Frage, was der Verlust der Unversehrtheit des eigenen Körpers in psychischer Hinsicht auslöst.
In diesem Zusammenhang soll der *psychoanalytische Begriff Phallus* eingeführt werden. Im Unterschied zum Begriff Penis, der das reale Zeugungsorgan des Mannes bezeichnet, ist der Phallus ein *Symbol*, welches für Vollkommenheit bzw. das Streben nach Vollkommenheit steht. Da der Phallus u.a. auch das Körper-Ich repräsentiert, *bekommt ein versehrter Körper die symbolische Bedeutung eines verstümmelten Phallus und der erlittenen Kastration* (Grunberger 2001): Das betroffene Individuum ist in seiner Vollkommenheit beschädigt (Verlust der narzisstischen Integrität) und erfährt eine starke Beschränkung in seinem Streben nach Vollkommenheit (dem entspricht u.U. eine massive Hemmung im Triebbereich).
Des Weiteren spielt es für die innerseelische Bedeutung des Verlustes der körperlichen Integrität durchaus eine Rolle, dass Veränderungen im körperlichen Bereich besonders konkret sind und meiner Erfahrung nach auch für kognitiv eingeschränkte Klienten deutlich wahrzunehmen sind. Über die körperliche Veränderung wird erfassbar, dass etwas existenziell Bedrohliches stattgefunden hat – etwas so stark Zerstörerisches, dass sich die Auswirkungen direkt im eigenen Körper zeigen. Ein Zusammenhang mit der *Thematik der Existenzbedrohung* lässt sich hier nicht von der Hand weisen.

Aktivierung von Angst

Der beschriebene Anschlag auf die Identität kann massive Ängste auslösen. Um diese thematisch aufzufächern, werden sie im Folgenden mit den Ängsten aus den psychosexuellen Phasen in Beziehung gesetzt:
Bezüglich einer Körperverletzung ist von Interesse, dass diese sowohl mit der *Kastrationsangst* (d.h. der Angst vor dem Verlust von Potenz und narzisstischer Integrität) als auch mit der *analen Angst* (der Angst vor dem Verlust von Körperteilen

bzw. der Angst, Opfer eines sadistischen Geschehens zu werden; Schuster und Springer-Kremser 1997) in Verbindung gebracht wird.
Mit der *Angst in der oralen Phase*, der Existenzangst, setzt sich Klein (1946, 1948, 1958) intensiv auseinander. Im Unterschied zu anderen Psychoanalytikern spielt bei ihr die Annahme des Todestriebs eine bedeutende Rolle. So bezeichnet sie z. B. die Furcht vor Vernichtung als Manifestation der inneren Aktivität des Todestriebs. Laut Klein erlebt der Säugling bereits in seinen ersten Lebensmonaten intensive Angstsituationen: Ängste, von innen heraus zersplittert zu werden und sich aufzulösen, sowie Befürchtungen, durch ein böses Objekt verfolgt und zerstört zu werden. Als früheste gegen diese Ängste gerichtete und noch weitgehend primitive Abwehrmechanismen beschreibt sie exzessive Formen von Spaltung, Projektion und Introjektion, projektive Identifizierung sowie Verleugnung und Idealisierung. Eine weitere Reaktion auf die Ängste stellen die ersten aggressiven Triebregungen des Säuglings dar, die sich gegen die vom ihm als Verfolger phantasierten Objekte richten (Hinshelwood 2004).

Musiktherapeutische Traumaarbeit bei diesen Klienten

Noch einmal soll zusammenfassend erklärt werden, dass das psychische Trauma bei dieser Klientengruppe als massiver Anschlag auf die Identität zu definieren ist, der alle Copingmechanismen überfordert und mit einer extremen psychischen Verunsicherung einhergeht. Da es sich um eine sehr heterogene Klientengruppe handelt, kann sich das psychische Trauma auf verschiedene Weise darstellen. Im Folgenden soll eine beschreibende Annäherung an dieses Thema stattfinden, wobei vier unterschiedliche Indikationen definiert werden. Diese setzen teilweise unmittelbar an der Veränderung der Lebenssituation an, zum Teil beziehen sie sich auch auf die existenzielle Bedrohung, die über das Erleben der eigenen körperlichen Veränderung sowie die im Kontext der veränderten Lebenssituation ausgelösten Ängste erfahren wird. Gemeinsames Ziel aller vier Indikationen ist das Erwerben eines Sicherheitsgefühls und die Erarbeitung von Copingstrategien. Dabei werden jeweils Gedanken zur musiktherapeutischen Umsetzung dieser Ziele referiert.

Indikation 1: Isolation

Diese Form des psychischen Traumas *bezieht sich auf die veränderte Lebenssituation während der frühen Rehabilitationsphasen und besitzt die Qualität des Abgeschnittenseins von der Welt und den Menschen.* Eine wesentliche Rolle spielen dabei die noch teilweise vorliegende Bewusstseinstrübung und vor allem die dramatisch eingeschränkten Ausdrucks- und Kommunikationsmöglichkeiten. Diese Isolation wird von vielen musiktherapeutischen Autoren als zentraler Bestandteil der traumatisierenden Lebenssituation angeführt: Bezogen auf die Behandlung auf der Intensivstation betont Baumann (2004 a, 2004 b) das extreme Ausgeliefert-

sein und die sensorische Deprivation, die mit der Isolation einhergehen. Lunau (2004) führt in Bezug auf Klienten im Remissionsstadium Gefühle tiefer Isolation und Verlassenheit an, welche durch das Erleben, von anderen nicht verstanden zu werden, verursacht werden. Jochheim (2004), die sich auf wahrnehmungsgestörte Klienten während der Frührehabilitation bezieht, nennt deren Überflutung durch Außenreize und den dadurch verursachten Rückzug in ihre Innenwelt.
Traumatherapeutische *Zielsetzungen* richten sich bei dieser Indikation direkt auf das Aufheben der Isolation und das Ermöglichen von Kontakt und Kommunikation. Dabei trägt der Aufbau einer vertrauensvollen Beziehung ganz wesentlich zum Erwerben des Sicherheitsgefühls bei. Wichtig ist auch das Eröffnen neuer Ausdrucksmöglichkeiten, was *musiktherapeutisch* durch den Dialogaufbau mit musikalischen Mitteln umgesetzt wird (vgl. Burger 2004; Hannich 1999; Jochheim 2004; Zieger 1996). Abschließend sei gesagt, dass es sich hier um Traumatherapie auf basaler Ebene handelt.

Indikation 2: Lang andauernde unsichere Lebenssituation

Diese zweite Indikation *bezieht sich auf die veränderte Lebenssituation, wie sie im mittelfristigen Verlauf der Rehabilitation besonders typisch ist:* Der Anschlag auf die Identität des Betroffenen hat für diesen deutlich wahrnehmbar stattgefunden. Er wurde aus den vertrauten und sicheren Gegebenheiten seines Lebens herausgerissen, gleichzeitig ist seine neue Lebenssituation von starker Unsicherheit und Ungewissheit geprägt, gerade bezüglich seiner zukünftigen Möglichkeiten. Die veränderten Lebensumstände müssen vom Betroffenen über einen längeren Zeitraum ertragen werden, ohne dass sie von ihm wesentlich beeinflusst werden können, und haben die Qualität eines frei schwebenden und lange andauernden In-der-Luft-Hängens ohne festen Boden unter den Füßen.
Im Kontext der Formulierung der lang andauernden unsicheren Lebenssituation als Indikation für ein traumatherapeutisches Vorgehen möchte ich darauf hinweisen, dass sich die dabei beschriebenen Charakteristika in einem Überschneidungsbereich von mehreren verschiedenen Themenkreisen befinden: Erstens ist zu diskutieren, ob es sich nicht einfach um einen lang andauernden Stressor handelt. Mich hat aber gerade der schwebende Charakter der neuen Lebenssituation, d. h. der Verlust von Sicherheit, das In-der-Luft-Hängen, das Gefühl, sich auf nichts einstellen zu können, dazu bewegt, sie als Indikation für eine Traumaorientierung in der Therapie zu klassifizieren. Zweitens zeigt sich eine Schnittstelle zur Krankheitsverarbeitung: Auch dort gibt es in einigen Fällen eine frühe Phase, die von starker Ungewissheit geprägt ist, bevor es im späteren Verlauf um die Auseinandersetzung mit irreversiblen und konkreten Verlusten (d. h. Abschiednehmen von alten Selbst-Bildern/Trauerarbeit und Entwicklung einer neuen Identität; vgl. Jochims 1991, 1997; Reimold 2004) geht. Da viele der von der erworbenen Hirnschädigung Betroffenen durch eine ausgedehnte Phase der Ungewissheit in Hinblick auf ihre zukünftigen Entwicklungen gehen und diese nicht zwingend zu einer Auseinandersetzung mit irreversiblen Defiziten führt (da auch individuelle Verläufe mit der vollständigen Zurückgewin-

nung aller Fähigkeiten vorkommen), definiere ich den entsprechenden Zeitraum als eine von der Krankheitsverarbeitung unterschiedliche Indikation mit eigener *Zielsetzung*, die im Bereich der Stabilisierung und Ressourcenorientierung liegt: Das übergeordnete Ziel ist das Stärken des Sicherheitsgefühls, die Ich-Stärkung.
Bezüglich der Umsetzung dieser Ziele möchte ich auf die Konzepte der traumaorientierten Psychotherapie, genauer gesagt auf deren erste Phase, die der Stabilisierung des Klienten dient, Bezug nehmen. Auch dort spielt die Ressourcenarbeit eine zentrale Rolle, wobei der Klient in seinen selbstgefundenen Stabilisierungsmöglichkeiten bestärkt wird (Huber 2004, 2005; Reddemann 2005 a, 2005 b). Diese individuellen Maßnahmen zur psychischen Stabilisierung gehören zu den Bewältigungsstrategien, welche, wie oben beschrieben, bei einem psychischen Trauma nach der erworbenen Hirnschädigung erarbeitet werden sollen. Erwähnt werden muss, dass es interindividuelle Unterschiede gibt (hier wird der Einfluss der prämorbiden Persönlichkeit wirksam), welche kognitiven und emotionalen Strategien angewendet werden und wie umfassend diese durch die Hirnschädigung außer Kraft gesetzt wurden. Manchmal ist zumindest ein Impuls in die richtige Richtung vorhanden, und es ist von großer therapeutischer Wichtigkeit, diesen gezielt zu unterstützen, um es dem Klienten zu ermöglichen, an sein individuelles Coping anzuschließen. In diesem Sinne ist es bei der *musiktherapeutischen Traumaarbeit* zentral, für das psychische Anliegen hellhörig zu sein, das hinter einem musikalischen Anliegen steht, welches ein Klient in die Therapie bringt: Die von dem Klienten eingebrachten musikalischen Ressourcen können wichtige Elemente sein, die ihn dabei unterstützen, sich psychisch zu stabilisieren.
Ich habe in diesem Zusammenhang sowohl gute Erfahrungen mit dem Anhören persönlich wichtiger Musikstücke im Rahmen der Therapie gemacht (einer meiner Klienten konnte z. B. in der massiv belastenden Situation von Identitätsverlust und gleichzeitig unklarer, unsicherer Lebenssituation über seinen persönlichen Musikgeschmack ein kleines Stück unversehrt gebliebener Identität auffinden und sich durch die gezielte Beschäftigung damit stabilisieren) als auch mit dem Instrumentalspiel am persönlichen Instrument (eine andere Klientin konnte über die vertraute Musiziersituation am Klavier mit Noten das Gefühl von Sicherheit und Geborgenheit wiedererlangen).

Indikation 3: Existenzielle Bedrohung verbunden mit heftigen Affekten

Durch den Verlust der Unversehrtheit des eigenen Körpers sowie den erlebten Anschlag auf die Identität können starke Ängste ausgelöst werden, wobei es zu einem Gefühl der Bedrohung der eigenen Sicherheit oder gar der Existenz kommen kann.
Nach meiner Erfahrung kann das Erleben einer existenziellen Bedrohung unterschiedlich stark ausgeprägt sein. Aus diesem Grund formuliere ich im Folgenden zwei verschiedene Indikationen, die nach jeweils unterschiedlichen Zielsetzungen und musiktherapeutischen Umsetzungen verlangen. Bezug nehmend auf diese Unterscheidung möchte ich betonen, dass der Therapeut bei dieser Thematik sowohl

die emotionale Verfassung und die Handlungsmöglichkeiten des Klienten als auch seine Gegenübertragungen besonders genau einzuschätzen hat.

Indikation 3a: Existenzielle Bedrohung des Klienten geht mit überflutenden Emotionen einher; stark verkörperte Gegenübertragung des Therapeuten

Diese Indikation bezieht sich auf Therapiesituationen, in denen eine massive existenzielle Bedrohung über den Klienten hereinbricht und er von heftigen und unkontrollierbaren Emotionen überflutet wird: Der Klient hat seine Handlungsmöglichkeiten, um mit dem Emotionssturm zurechtzukommen, verloren, und diese Handlungsunfähigkeit beginnt auf den Therapeuten überzugreifen, der mit einer stark *verkörperten Gegenübertragung* reagiert (d.h. die Gegenübertragungsreaktion des Therapeuten ist vorrangig eine körperliche; Samuels 1994, 232ff. und 251ff.).

Um zu veranschaulichen, was damit gemeint ist, möchte ich Beispiele für Therapiesituationen anführen, in denen eine über den Klienten hereinbrechende existenzielle Bedrohung mit überflutenden Emotionen einherging, z.B. bei einem Klienten (der schon seit längerer Zeit in die Therapie kam) in derjenigen Stunde, die am Tag nach seinem ersten epileptischen Anfall stattfand. Oder: In der ersten Therapiestunde mit einer Klientin, die sich gerade in der Phase befand, in der ihre Bewusstseinstrübung/Desorientierung nachließ und sie realisieren konnte, dass ihre Tochter nicht mehr lebt.

Wie schon bei Indikation 2 möchte ich auch hier im Kontext der Formulierung einer mit überflutenden Emotionen einhergehenden existenziellen Bedrohung als Indikation für ein traumatherapeutisches Vorgehen darauf hinweisen, dass sich die dabei beschriebenen Charakteristika in einem Überschneidungsbereich mit anderen Themenkreisen befinden: Im frühen Verlauf sowohl eines Trauerprozesses als auch einer Krankheitsverarbeitung kommt es häufig zu einer Phase chaotisch aufbrechender Emotionen (Kast 1984; Reimold 2004). Meines Erachtens gehört der Sachverhalt einer unkontrollierbaren Emotionsflut zu der Plötzlichkeit, mit der die vollkommen neue Situation (Todesfall/Verlusterlebnis) eintritt, und besitzt durch die massive Verunsicherung, die mit der Emotionsflut verbunden ist, eine durchaus traumatische Qualität. Deswegen möchte ich die Überlappung der angesprochenen Themenbereiche folgendermaßen formulieren: Der Beginn der Prozesse von Krankheitsverarbeitung bzw. Trauer zeichnet sich oft durch eine traumatische Qualität aus.

Den von mir in den beschriebenen Therapiesituationen erlebten Gegenübertragungen ist gemeinsam, dass sie jeweils stark verkörpert waren: Ich erlebte z.B. ein Schwächegefühl in den Beinen bzw. den Verlust des Bodenkontakts, Schwindel oder Übelkeit. Dabei hatten diese Körperempfindungen jeweils enorme Wucht und kamen wie aus heiterem Himmel (Aspekt der Überrumpelung).

Erklären lassen sich solche schlagartig einsetzenden Körperempfindungen des Therapeuten durch den Mechanismus der *projektiven Identifizierung*. Klein beschreibt mit diesem Begriff eine sehr archaische Form der Angstabwehr, welche vereinfacht gesagt nach folgendem Prinzip funktioniert: Was nicht auszuhalten ist, wird gewaltsam ausgestoßen und in die andere Person verlagert.[2]

Traumatherapeutische Zielsetzungen richten sich bei den geschilderten Therapiesituationen auf das Erwerben eines Sicherheitsgefühles – sowohl aufseiten des Klienten als auch aufseiten des Therapeuten. Damit Letzterer die überflutenden Emotionen eingrenzen und den Klienten bei der Stabilisierung unterstützen kann, muss er zuerst seine eigene Handlungsfähigkeit zurückerwerben. Dabei hat es im Sinne des therapeutischen Containings (Bion 1990) für den Klienten eine wichtige Modellfunktion, wie der Therapeut mit den überflutenden Emotionen umgeht. Auf diese Weise dienen die therapeutischen Interventionen der Ich-Stärkung des Klienten.

Bezüglich der *musiktherapeutischen Umsetzung* der genannten Zielsetzungen möchte ich zusammenfassen, was ich in den beschriebenen Therapiesituationen als Gemeinsamkeiten bezüglich meines Vorgehens sehe: Eine große Rolle spielt das Einbringen von Struktur, da es das Erleben von Überschaubarkeit und Ordnung ermöglicht, d. h. dass ich bei diesen Klienten (gegen meinen gewohnten Arbeitsstil, bei dem ich das therapeutische Vorgehen aus der aktuellen Situation entwickle) den Ablauf der Stunde stark strukturiere, z. B. jede Stunde mit derselben Intervention beginne und beende (beispielsweise mit einem Fürspiel oder einem Spiel zu zweit zu einer bestimmten und sich jede Stunde wiederholenden Spielregel). Das schafft Vorausschaubarkeit und damit einen sicheren Rahmen für beide, den Klienten und den Therapeuten. Bezüglich des aktiven Spiels möchte ich betonen, dass neben einer Stukturierung durch Spielregeln auch die der Musik selbst innewohnenden Strukturen (z. B. der Rhythmus) gezielt genützt werden können. Außerdem stellt das aktive Spiel von Instrumenten gerade auch deswegen eine für eine Stabilisierung besonders geeignete musiktherapeutische Methode dar, weil es einen sinnlich erfahrbaren Kontakt zur Realität ermöglicht. Zu dieser Aussage komme ich nicht zuletzt aufgrund meiner Eigenwahrnehmungen in den beschriebenen Therapiesituationen: Sehr eindrücklich war für mich die erste Situation, in der ich während des Spiels des Altxylophons von der Körperempfindung der Bodenlosigkeit zurück zu einem Bodenkontakt, verbunden mit dem Gefühl von Sicherheit kommen konnte (d. h. konkret: Ich konnte während des Spiels zu folgender Wahrnehmung gelangen: Ich spüre die Schlägel in meinen Händen, den Stuhl, auf dem ich sitze, den Boden unter meinen Füßen). Seitdem zählt das Altxylophon zu meinem favorisierten Instrument in Therapiesituationen, in denen die Emotionen des Klienten eine unkontrollierbare und flutende Qualität bekommen. In diesem Zusammenhang möchte ich erwähnen, dass m. E. folgende Eigenschaften das Altxylophon für eine halt- und strukturgebende Intervention besonders geeignet machen: die Überschaubarkeit seines Aufbaus, die Begrenztheit der Diatonik (mit klarem tonalen

2 Nach Klein (1948) gehört die projektive Identifizierung zu den charakteristischen Abwehrkonfigurationen während der paranoid-schizoiden Position und damit zu den frühesten Möglichkeiten der Angstabwehr. Die Prozesse, die diesem Mechanismus zugrunde liegen, sind eine Kombination der Abspaltung von unerwünschten Selbstanteilen und deren Projektion auf eine andere Person (vgl. Hinshelwood 2004, 263ff.).

Zentrum im Grundton C), die warme, aber nicht zu schwingende Klangqualität und die Möglichkeit zu einer rhythmischen Spielweise.

Indikation 3b: Existenzielle Bedrohung bei gleichzeitig erhaltenen Handlungsmöglichkeiten des Klienten; weitgehend undramatische Gegenübertragung des Therapeuten

Ein vollkommen anderer Sachverhalt als in den unter Indikation 3a geschilderten Therapiesituationen liegt vor, wenn der Klient existenziell bedrohliche Themen und damit verbundene Affekte in die Therapie einbringt, seine Handlungsmöglichkeiten aber gleichzeitig erhalten geblieben sind und die Gegenübertragungsgefühle des Therapeuten weitaus weniger dramatisch ausfallen.
Hier besteht das *Therapieziel* in der Auseinandersetzung mit der existenziellen Bedrohung und den damit verbundenen Affekten. Dabei ist laut Klein für die Angstbewältigung und die Entwicklung eines größeren Sicherheitsgefühls nicht nur die Bearbeitung der ausgelösten Ängste notwendig, sondern auch die Auseinandersetzung mit den eigenen aggressiven Impulsen und Phantasien, welche möglicherweise infolge des Erlebens einer existenziellen Bedrohung beängstigend geworden sind.[3]
Wie das folgende Fallbeispiel zeigt, ist es in der *Musiktherapie* möglich, existenziell bedrohliche Themen und damit verbundene heftige Affekte auf der musikalischen Handlungsebene durchzuarbeiten – auch bei erheblicher kognitiver Einschränkung des Klienten.

Fallbeispiel

Vorstellung des Klienten

Über die Vorgeschichte des Klienten gibt es nur wenige Informationen: Herr Stern wächst im ländlichen Gebiet auf und absolviert eine Ausbildung in einem handwerklichen Beruf. Im Alter von 16 Jahren hat er einen Verkehrsunfall, als er sich mit einem motorisierten Zweirad auf dem Heimweg von der Arbeit befindet. Dabei erleidet er ein schweres Schädel-Hirn-Trauma.

3 Dieser Gedankengang entspringt Kleins analytischen Erfahrungen während des Zweiten Weltkriegs: Klein (1958) beschreibt als psychische Auswirkung der Erfahrung einer lebensgefährlichen Destruktion, dass zusätzlich zur Angst, die sich auf die aktuelle Situation bezieht, auch frühe Vernichtungsängste, welche sich aus intrapsychischen Quellen herleiten, wiederbelebt werden. Aufgrund dieser Beeinflussung lässt sich die aktuelle Angst nur lindern, wenn über die Bedeutung der realen Situation hinaus auch die durch sie geweckten frühen Ängste analysiert werden. Da Letztere in ihrer Entstehung aufs Engste mit den ersten Aggressionen des Individuums verbunden sind, kommt Klein zu der Annahme, dass gleichzeitig mit der Mobilisierung dieser frühen Ängste auch die eigenen aggressiven Impulse für das Individuum Angst auslösend wirken und bearbeitet werden müssen. Dies wiederum bewirkt eine Modifizierung der frühen Vernichtungsängste und ist dadurch förderlich für die Entwicklung eines größeren Sicherheitsgefühls (gegenüber der inneren wie auch der äußeren Welt) und damit verbunden einer größeren psychischen Stabilität.

Herr Stern durchläuft nach seiner Hirnschädigung die übliche Kette der neurologischen Rehabilitation (wochenlanges Koma/intensivmedizinische Versorgung; anschließend Frührehabilitation). 1½ Jahre nach seinem Unfall ist er in seinen Alltagsleistungen so weit selbstständig, dass die neurologische Rehabilitation als Anschlussheilbehandlung (Rehabilitationsphase D) fortgesetzt wird, in deren Rahmen er in die Musiktherapie zugewiesen wird. Zu diesem Zeitpunkt leidet der Klient an einem als höhergradig diagnostizierten organischen Psychosyndrom: Er ist kognitiv ausgesprochen wenig belastbar, wird rasch müde und hat erhebliche Schwierigkeiten, sich zu konzentrieren oder sich etwas zu merken. Da seine Hirnverletzung eine frontale Akzentuierung aufweist, leidet er auch an einem Frontalhirnsyndrom (vgl. Oder und Wurzer 2006). Dazu gehören seine Schwierigkeiten, aggressive Impulse zu kontrollieren und Affekte zu steuern (der Krankengeschichte entnehme ich, dass Herr Stern bereits mehrere Impulsdurchbrüche hatte, bei denen er auf andere Personen einschlug). Außerdem ist seine Kritikfähigkeit eingeschränkt, und seine Grundstimmung weist eine euphorische Tönung auf, die mit Größenphantasien verbunden ist. Als weitere Folge der Hirnschädigung ist sein rechter Arm vollkommen gelähmt.

Die Einzelmusiktherapie

Herr Stern wird aufgrund seiner Schwierigkeiten bei der Impulskontrolle in die Musiktherapie zugewiesen. Die Intention dabei ist, dass ihm über die in Regeln und Strukturen eingebundene musikalische Aktivität ein Übungsfeld für die Dosierung und Kontrolle seiner Impulse und Affekte zur Verfügung gestellt werden soll, so dass ein handlungsorientiertes Lernen stattfinden kann.
Innerhalb eines Zeitraumes von ca. einem Jahr finden insgesamt 49 Therapieeinheiten (Dauer je Einheit: 45 Minuten; Frequenz: 2 x wöchentlich) statt. Dabei wird die Therapie nach 4 Monaten durch einen ein halbes Jahr dauernden Heimaturlaub des Klienten unterbrochen. Danach wird die Therapie für 2½ Monate fortgesetzt. Rückblickend lässt sich der Verlauf der Therapie in 4 Phasen mit unterschiedlichen inhaltlichen Schwerpunkten einteilen (vgl. Tab. 1):

Tab. 1: Übersicht über den Therapieverlauf

Phase 1a) Eingangsphase (1.–6. Stunde)
Phase 1b) Der Klient entwickelt eine individuelle Art, musikalisch zu gestalten und mit starken Affekten umzugehen (7.–14. Stunde)
Phase 1c) Der Klient bringt existenziell bedrohliche Themen ein (15.–31. Stunde)
½ Jahr Heimaturlaub des Klienten
Phase 2) Die Auseinandersetzung des Klienten mit existenziell bedrohlichen Themen kommt zum Abschluss; Neuorientierung (32.–49. Stunde)

Phase 1a) Eingangsphase

Die sechsstündige Eingangsphase dient dem Aufbau der therapeutischen Beziehung und dem Kennenlernen des musiktherapeutischen Settings.
Herr Stern kommt von Anfang an gerne zur Musiktherapie: Er zeigt Interesse daran, selbst Instrumente zu spielen. Damit er sich einen Überblick über die musikalischen Möglichkeiten der einzelnen Instrumente und unterschiedliche Spielweisen verschaffen kann, biete ich ihm zunächst einfach strukturierte Regelspiele auf verschiedenen Instrumenten an. Das Spiel des Klienten ist nicht sehr differenziert, er kann aber mithilfe einer klar strukturierten Vorgabe seine Spielweise variieren (z. B. betreffend der Lautstärke oder der Geschwindigkeit). Er experimentiert musikalisch und hat Freude an seiner Aktivität. Dabei bringt er eigene kreative Ideen ein und stellt sich selbst musikalische Aufgaben. Schnell findet er heraus, dass ihm eine extrem schnelle und laute Spielweise am meisten entspricht und entdeckt das Schlagzeug als dafür besonders geeignetes Instrument.
Betreffend Herrn Sterns Schwierigkeiten bei der Impulskontrolle ist es wichtig zu erwähnen, dass er zu diesem Zeitpunkt bereits keine massiven aggressiven Impulsdurchbrüche mehr hat – diese gehören seiner Vergangenheit aus den früheren Rehabilitationsphasen an. Für mich sind seine Enthemmung und seine Schwierigkeiten, Affekte zu steuern, weniger in den Spiel- als in den Gesprächssituationen erlebbar: Herr Stern ist übervoll mit wichtigen Themen. Er spricht völlig ungeordnet über alles, das ihm gerade durch den Kopf geht. Dabei wechselt seine affektive Verfassung sehr rasch. Bereits in der ersten Stunde erzählt er sehr persönliche Details. Diese Art des Klienten, schnell große persönliche Nähe herzustellen, empfinde ich als distanzlos.
Eine wichtige Erkenntnis, die sich während der ersten Therapiestunden bei mir einstellt, betrifft die stark verminderte Reflexionsfähigkeit des Klienten: Er spricht zwar viele Themen an, es ist ihm aber aufgrund seiner kognitiven Einschränkung vollkommen unmöglich, darüber zu reflektieren. Ein Beispiel dafür ist seine wiederholt geäußerte Betroffenheit über die Hilflosigkeit eines Mitpatienten. Auf meine Versuche, das Thema Hilflosigkeit auf Herrn Sterns eigene Lebenssituation zu beziehen, reagiert er mit vollkommenen Unverständnis. Diese Reaktion gibt mir die Rückmeldung, dass meine Interpretationen dem Klienten momentan nicht nützlich sind, sondern das Gegenteil bewirken, ihn nämlich überfordern. Deswegen beschränke ich mich darauf, ihn das, was ihn beschäftigt, aussprechen zu lassen, verzichte auf Interpretationen jeglicher Art und richte alle meine Interventionen auf die musikalische Spielebene.
Insgesamt macht der 18-jährige Klient auf mich einen sehr kindlichen Eindruck. Die sich entwickelnde therapeutische Beziehung pendelt zwischen einer kameradschaftlichen Beziehung mit vorpubertärer Qualität, was vor allem die musikalischen Spielsituationen betrifft (in denen ich in der Gegenübertragung eine große Spielfreude erlebe), und einer Mutter-Kind-Beziehung (v. a. in den Gesprächssituationen, wobei ich eine stark aufnehmende Funktion habe und dem Klienten gegenüber mütterlich-wohlwollende Gefühle empfinde).

Phase 1b) Der Klient entwickelt eine individuelle Art, musikalisch zu gestalten und mit starken Affekten umzugehen

Die acht Stunden im folgenden Monat sind stark durch die aktuelle psychische Belastung des Klienten beeinflusst. Da Herr Sterns Aufenthalt im Rehabilitationszentrum u.a. auch der prognostischen Abklärung bezüglich der Lähmung seines Armes dient, muss er sich vielen Untersuchungen unterziehen. Diese nähren teilweise seine Hoffnungen auf eine wenigstens partielle Wiederherstellung der Bewegungsfähigkeit seines gelähmten Arms, teilweise machen sie sie auch zunichte. Durch diese ungewissen Zukunftsaussichten fühlt sich Herr Stern stark beeinträchtigt und schwebt emotional zwischen Himmel und Hölle: Seine Hoffnungen wechseln rasch mit starkem Frust oder ebensolcher Wut. In Kombination mit seinen Schwierigkeiten, Impulse und Affekte zu dosieren, wirkt er oft wie ein Dampfkessel, der unter hohem Druck steht. In dieser Zeit zeigt es sich, dass die Musiktherapie für Herrn Stern ein guter Ort ist, um einen konstruktiven Umgang mit der enormen psychischen Belastung und den damit verbundenen starken Affekten zu finden. Eine wichtige Rolle kommt dabei seinem lauten und schnellen Spiel am Schlagzeug zu, das ihm sowohl dazu dient, seine Kraft und Vitalität zu erleben, als auch Frust und Aggressionen zu kanalisieren und abzuführen. Diese Interpretation der Bedeutung des Schlagzeugspiels des Klienten bezieht sich nicht nur auf sein Verhalten, sondern auch auf meine Gegenübertragungsgefühle: Während ich mich in den Gesprächen, die die diversen Untersuchungen zum Inhalt haben, oft hilflos und wie erstarrt fühle, erlebe ich in denjenigen Situationen, in denen wir beide mit Perkussionsinstrumenten spielen, ein stark befreiendes Gefühl und fühle mich wesentlich lebendiger.

Während Herr Stern im alltäglichen Kontakt sehr anhänglich und unselbstständig ist und mir gegenüber deutlich regressive Wünsche hat (er möchte z.B. von mir auf den Wegen zwischen seinem Zimmer und dem Musiktherapieraum begleitet werden und versucht, mich in das Tragen des für die Therapie notwendigen Materials zu involvieren), ist es als progressiv zu sehen, dass er innerhalb des geschützten Rahmens der Therapie bereits seine Handlungsmöglichkeiten aktiv nützen kann: Herr Stern entwickelt in dieser Zeit eine individuelle Art, musikalisch zu gestalten. Aus eigenem Antrieb bringt er ab der 7. Stunde seine persönlichen Musik-CDs (aktuelle Pop- und Rockmusik) in die Therapie mit. Er bestimmt den Ablauf dieser und der ab diesem Zeitpunkt folgenden Stunden, indem er gezielt Lieder auswählt, diese in großer Lautstärke auf der Stereoanlage abspielt und dazu am Schlagzeug mitspielt, welches in diesen Stunden zu seinem Hauptinstrument wird. Ich beteilige mich an der perkussiven Begleitung der Musik mit einem selbst zusammengestellten Drumset.

Phase 1c) Der Klient bringt existenziell bedrohliche Themen ein

Ab der 15. Stunde, d.h. zu dem Zeitpunkt, an dem wir bereits zwei Monate gearbeitet haben, bringt Herr Stern eine neue CD mit deutschsprachiger Heavy Metal Musik mit. Darin geht es sehr geballt um Themen wie Destruktion, Körperverletzung und Existenzbedrohung. Ich interpretiere das Mitbringen dieser CD folgen-

dermaßen, dass Herr Stern, symbolisiert in den Liedtexten und den Abbildungen auf der Beilage der CD Themen einbringt, die mit dem traumatischen Erlebnis der Verletzung seines Körpers in Zusammenhang stehen. Nach meinem Eindruck ist für ihn v.a. anhand der Lähmung seines Armes erfassbar, dass ein körperliches Trauma stattgefunden hat. Der Unfall ist dabei als gewaltiges und scheußliches Ereignis präsent, über das er selbst überhaupt keine Kontrolle hatte und das so viel zerstörerische Macht besaß, ihn körperlich zu verändern. Indirekt kommt hier das Thema der Existenzbedrohung herein.
Nach meinem Eindruck bringt Herr Stern die betreffende CD nicht mit, um bewusst diese Themen zu illustrieren, sondern er ist eher unbewusst durch dieses Cluster an Destruktivität angezogen. Sein Vorgehen zeigt aber, dass er eine Auseinandersetzung mit seinem körperlichen und dem damit verbunden psychischen Trauma sucht. Die *Erweiterung der Therapieindikation* ist ab diesem Zeitpunkt eine *traumatherapeutische*.

Bevor ich weiter den Verlauf der Therapie referiere, möchte ich *darüber reflektieren, ob es überhaupt sinnvoll ist, den Klienten diese Themen in die Therapie einbringen zu lassen* – und noch dazu zu einem Zeitpunkt, an dem seine verbale Reflexionsfähigkeit stark eingeschränkt ist. Die dieser Überlegung zugrunde liegende Frage lautet, ob der Klient ausschließlich auf der musikalischen Handlungsebene eine Erfahrung machen kann, die für ihn im Zusammenhang mit diesen Themen förderlich ist.
Ich möchte ausdrücklich dafür plädieren, dass die Bedrohlichkeit dieser Themen sehr ernst zu nehmen ist. Die Auseinandersetzung damit kann u.U. zu einer starken Beängstigung und Destabilisierung führen, d.h. es handelt sich hier um Inhalte, mit denen in der Therapie äußerst vorsichtig umgegangen werden muss. Dabei sind eine differenzierte Einschätzung des individuellen Klienten und der konkreten Situation von zentraler Bedeutung. In diesem Zusammenhang sollen im Folgenden diejenigen Voraussetzungen präsentiert werden, die notwendig sind, damit musiktherapeutisch mit existenziell bedrohlichen Themen gearbeitet werden kann (vgl. Tab. 2) – und das auch, wenn beim Klienten eine kognitive Einschränkung vorliegt.

Tab. 2: Voraussetzungen für die Auseinandersetzung mit existenziell bedrohlichen Themen in der Musiktherapie

- Begrenzungen des Settings
- Haltgebende therapeutische Beziehung
- Ausreichende zeitliche Rahmenbedingungen
- Der Klient bringt die traumatischen Themen selbst ein
- Vorhandensein von Handlungsmöglichkeiten im Umgang mit den traumatischen Themen

Begrenzungen des Settings

Die therapeutischen Rahmenbedingungen umfassen so grundlegende Dinge wie Vereinbarungen über die Frequenz und die Dauer der Stunden und sind definitionsgemäß ein wichtiger Bestandteil jeder Therapie. Sie werden hier ausdrücklich genannt, weil sie dazu beitragen, dass der Klient die Therapie als etwas Begrenztes und Überschaubares erleben kann. Diese Qualität vermittelt Sicherheit und wirkt entängstigend, was angesichts existenziell bedrohlicher Themen besonders wertvoll ist. Was das musiktherapeutische Setting angeht, so besteht eine weitere und absolute Begrenzung in der Unversehrtheit der Instrumente: Diese dürfen gespielt, aber nicht demoliert werden. Wie sich in der Therapie mit Herrn Stern zeigt, ist es eine wichtige therapeutische Aufgabe, diese Grenze aktiv zu schützen.

Haltgebende therapeutische Beziehung

Das Herzstück der traumaorientierten Musiktherapie ist die tragfähige therapeutische Beziehung: Dadurch, dass der Therapeut in seiner besonderen emotionalen Bezogenheit auf den Klienten ständig einschätzt, in welcher emotionalen Verfassung sich dieser befindet und ihn vor zu starker Beängstigung/Destabilisierung bzw. Retraumatisierung schützt, trägt die therapeutische Beziehung ganz wesentlich zur Vermittlung von Halt und Sicherheit bei.

In der geschilderten Fallgeschichte erweist es sich als günstig, dass Herr Stern nicht gleich zu Beginn mit den bedrohlichen Themen „hereinplatzt", sondern sie zu einem Zeitpunkt einbringt, an dem wir bereits eine stabile therapeutische Beziehung aufgebaut haben. Für meine Entscheidung, es zuzulassen, dass sich der Klient innerhalb der Therapie mit stark destruktiven Themen auseinandersetzt, ist ausschlaggebend, dass Herr Stern beim Abspielen der CD einen zwar aufgeregten, aber keinen beängstigten Eindruck auf mich macht und auch ich selbst in der Gegenübertragung keine Angst erlebe.

Bezüglich des Themas der therapeutischen Beziehung bei der Bearbeitung existenziell bedrohlicher Themen möchte ich darauf hinweisen, dass ich mich stark am Konzept des Containements („Aufbewahrens") des Psychoanalytikers Bion (1990) orientiere: Der Therapeut übernimmt hier die Funktion eines Gefäßes für diejenigen Erfahrungen des Klienten, welche dieser selbst nicht versteht und mit denen er nicht fertig wird. Die Aufgabe des Therapeuten ist es, diese rohen, noch unverdauten Erfahrungen aufzunehmen, zu verstehen und dem Klienten Halt zu vermitteln. Das kann im Verlauf der Therapie dazu beitragen, dass der Klient die betreffenden Inhalte selbst ein Stück besser verstehen und damit zurechtkommen kann. Dabei nimmt der Klient v. a. auch die Art auf, wie der Therapeut die Aufgabe des geistigen Verdauens und der Verarbeitung von Gefühlen wahrnimmt: Der Umgang des Therapeuten mit den betreffenden Inhalten kann auf diese Weise für den Klienten ein Stück weit Modellcharakter bekommen (vgl. oben: Indikation 3 a). Im vorliegenden Fallbeispiel soll speziell die Möglichkeit des Therapeuten zum Containing innerhalb einer gemeinsamen musikalischen Aktivität beleuchtet werden.

Ausreichende zeitliche Rahmenbedingungen

Obwohl dem Zeitrahmen prinzipiell in jeder Therapie eine wichtige Rolle zukommt, findet er hier explizit Erwähnung: Gerade bei existenziell bedrohlichen Themen muss vonseiten des Therapeuten besonders sorgfältig eingeschätzt werden, ob der zur Verfügung stehende Zeitraum (welcher z.B. bei meinen Klienten durch die Dauer des Rehabilitationsaufenthaltes vorgegeben wird) für die Bearbeitung der traumatischen Themen ausreichen wird, d.h. ob überhaupt mit der Bearbeitung dieser Themen begonnen werden kann. Ist abzusehen, dass der gegebene Zeitrahmen nicht ausreichen wird, so ist es wichtig, die verbleibende Therapiezeit zur Klärung bezüglich der Möglichkeit bzw. der Notwendigkeit einer umfassenden traumaorientierten Therapie zu einem späteren Zeitpunkt zu nützen.

Der Klient bringt die traumatischen Themen selbst ein

Es entspricht meinem Verständnis von Therapie, einen therapeutischen Raum zu eröffnen, in welchen der Klient Themen hineinbringen kann. Dass der Klient dabei die Führung übernimmt, soll bei existenziell bedrohlichen Themen besonders hervorgehoben werden. In diesem Zusammenhang möchte ich nochmals darauf hinweisen, dass die Bedrohlichkeit traumatischer Erfahrungen ernst genommen werden muss. Die Auseinandersetzung damit kann eine starke Destabilisierung oder auch Retraumatisierung bewirken. Nach meiner Erfahrung ist nicht jeder Mensch seelisch dazu in der Lage, sich mit stark bedrohlichen Themen auseinander zu setzen: Für viele Menschen ist es das Wichtigste, wieder Stabilität zu erlangen und die Themen damit abzuschließen, was vonseiten des Therapeuten unbedingt respektiert werden muss.

Vorhandensein von Handlungsmöglichkeiten im Umgang mit den traumatischen Themen

In diesem Zusammenhang soll noch einmal betont werden, dass die Möglichkeiten des individuellen Klienten in der betreffenden Situation differenziert eingeschätzt werden müssen. Da z.B. Herrn Sterns verbale Reflexionsfähigkeit zu diesem Zeitpunkt noch stark eingeschränkt ist, ist es für den progressiven Verlauf der Therapie wichtig, dass er auf der musikalischen Handlungsebene eine aktive Form der Bewältigung der für ihn traumatischen Themen findet. Dabei erweist es sich als günstig, dass dem Klienten das musiktherapeutische Setting bereits vertraut ist und er in den vorhergehenden Stunden Möglichkeiten entwickelt hat, musikalisch handelnd mit starken Affekten umzugehen und dabei auch Fortschritte bei der Kontrolle seiner Impulse erzielen konnte.

Zunächst soll die Musik-CD, die Herr Stern in der 15. Stunde erstmals in die Therapie mitbringt, vorgestellt werden: Es handelt sich um ein Album der deutschsprachigen Heavy Metal Gruppe Rammstein („Reise, Reise", 2004). Das Cover und Textheft der CD ist zum Thema eines abgestürzten Flugzeuges gestaltet: Es zeigt

Fotos von zerquetschten, zerkratzten Metallteilen des Flugzeugrumpfes. Die CD selbst ist als Flugrekorder deklariert, der die Vorgänge beim Absturz aufgezeichnet hat. Die einzelnen Liedtexte sind auf rätselhafte Art symbolisch. Dabei geht es um an und für sich mächtige Symbole (wie Flugzeug oder Speer), aber immer verbunden mit Unfall, Zerstörung und körperlicher Verletzung: In einem Lied fliegt das Flugzeug ins Verderben, in anderen Liedern wird gekämpft, Menschen werden verletzt und erstochen, sie verbluten. Insgesamt kreisen die Texte rund um die Themen Destruktion, Körperverletzung, Existenzbedrohung und Sadismus. Die musikalisch erzeugte Atmosphäre ist oft geheimnisvoll oder unheimlich. Dazu trägt nicht zuletzt eine spezielle Art des Sprechgesangs mit einer rauen, heiseren Flüsterstimme bei. Die meisten Lieder weisen ein zügiges Tempo auf: Pulsierendes rhythmisches Spiel von Gitarre und Schlagzeug drängt dynamisch vorwärts und erzeugt eine düstere, machtvolle Stimmung, die sich in einigen Passagen tosend steigert. Machtvolle Harmonieströme des Keyboards sind durch Schlagzeugspiel unterlegt und kontrastieren mit verlorenen, zerbrechlich wirkenden Melodien am Akkordeon.
Für die psychoanalytische Interpretation werden im Folgenden anhand von zwei Beispielen *unterschiedliche Facetten des in den Liedtexten enthaltenen Sadismus veranschaulicht*: Die orale Variante des Sadismus ist im Text des Liedes „Mein Teil" ausgestaltet: Hier geht es um kannibalische Themen: Fressen und gefressen werden, dabei ist unklar, wer wen frisst (vgl. Tab. 3). Als Analsadismus kann die Szenerie im Lied „Stein um Stein" interpretiert werden: Ein mächtiger Sadist beherrscht und verletzt ein ihm hilflos ausgeliefertes Opfer, d.h. es wird eine analsadistische Objektbeziehung mit extrem polarisierter Verteilung von Macht und Ohnmacht beschrieben. Dabei ist das Opfer dramatisch in seiner Bewegungs- und Handlungsfreiheit eingeschränkt und hat keine Möglichkeit, sich gegen die ihm zugefügten körperlichen Verletzungen zu wehren (vgl. Tab. 4).

Tab. 3: Text des Liedes: „Mein Teil. ‚Suche gut gebauten 18–30-Jährigen zum Schlachten' – Der Metzgermeister"

„Heute treff' ich einen Herrn Der hat mich zum Fressen gern Weiche Teile und auch harte Stehen auf der Speisekarte Denn du bist was du ißt Und ihr wißt was es ist Mein Teil	Die stumpfe Klinge gut und recht Ich blute stark und mir ist schlecht Muß ich auch mit der Ohnmacht kämpfen Ich esse weiter unter Krämpfen … Denn du bist was du ißt Und ihr wißt was es ist Mein Teil … "

Tab. 4: Text des Liedes: „Stein um Stein“

„Ich habe Pläne große Pläne
Ich baue dir ein Haus
Jeder Stein ist eine Träne
Und du ziehst nie wieder aus
Ja ich baue ein Häuschen dir
Hat keine Fenster keine Tür
Innen wird es dunkel sein
Dringt überhaupt kein Licht hinein

Ja ich schaffe dir ein Heim
Und du sollst Teil des Ganzen sein

Stein um Stein mauer ich dich ein
Stein um Stein
Ich werde immer bei dir sein

Ohne Kleider ohne Schuh
Siehst du mir bei der Arbeit zu
Mit den Füßen im Zement
Verschönerst du das Fundament
Draußen wird ein Garten sein
Und niemand hört dich schreien

Stein um Stein mauer ich dich ein
Stein um Stein
Ich werde immer bei dir sein

Welch ein Klopfen welch ein Hämmern
Draußen fängt es an zu dämmern
Alle Nägel stehen stramm
Wenn ich sie in dein Leibholz Ramm –

Stein um Stein mauer ich dich ein ...“

Während im ersten Lied die orale Angst (die Angst gefressen zu werden, d. h. die Angst vor der vollständigen Vernichtung) in Szene gesetzt wird, werden im zweiten Lied Ängste aus der analen Entwicklungsphase (die Angst vor der Körperverletzung bzw. die Angst, Opfer eines sadistischen Geschehens zu werden) illustriert. Nimmt man das Motiv des abgestürzten Flugzeugs vom Cover der CD dazu, welches als Symbol für Herrn Sterns verletzten Körper interpretiert werden kann und aus psychoanalytischer Sicht ebenso wie dieser die symbolische Bedeutung eines beschädigten Phallus und der erlittenen Kastration hat, so ist auch die Kastrationsangst (d. h. die Angst vor dem Verlust von Potenz und narzisstischer Integrität) mit in dem Fächer der Ängste vorhanden, den Herr Stern mit dem Material in die Therapie hereinbringt.
In den 17 Therapieeinheiten bis zu seiner vorübergehenden Entlassung bringt Herr Stern in jeder Stunde die CD in die Therapie mit. In dem Zeitraum dieser zwei Monate ist sie diejenige CD, aus der er am meisten Lieder auswählt und auf der Stereoanlage abspielt. Dieses Vorgehen des Klienten hat einen starken Mitteilungscharakter: Er kommuniziert über die Auswahl der Lieder Themen, die mit der beim Unfall erlebten Gewalteinwirkung auf seinen Körper und seinen dadurch ausgelösten Ängste in Zusammenhang stehen. Aufgrund meiner bisherigen Erfahrungen mit der stark eingeschränkten Reflexionsfähigkeit des Klienten entscheide ich mich dafür, die Inhalte der Texte nicht anzusprechen. *Dieses Fehlen der Möglichkeit zur verbalen Reflexion bringt mit sich, dass es für den progressiven Verlauf der Therapie wesentlich ist, dass der Klient auf der musikalischen Handlungsebene eine aktive Form der Bewältigung der beängstigenden Themen findet:* Herr Stern behält seinen schon in den vorhergehenden Stunden entwickelten musikalischen

Gestaltungsstil (Abspielen ausgewählter Lieder in großer Lautstärke auf der Stereoanlage und dazu Spiel am Schlagzeug) bei, d. h. er hört die Lieder nicht nur an, sondern verarbeitet sie in seinen eigenen musikalischen Produkten. Wie schon in der vorhergehenden Phase unterstütze ich ihn dabei musikalisch durch mein Spiel auf dem selbst zusammengestellten Drumset.
Auffallend ist, dass Herr Stern, obwohl er in den Wochen davor bereits eine gewisse Bandbreite der Möglichkeit zur musikalischen Differenzierung (z. B. in Bezug auf Lautstärke und Geschwindigkeit) entwickelt hat, zu den deutschsprachigen Heavy Metal Songs in einer extrem lauten, extrem schnellen und rhythmisch vollkommen undifferenzierten Weise spielt. Dabei macht er einen aufgeregten und im Vergleich zu den vorhergehenden Stunden besonders euphorischen – aber keinen beängstigten – Eindruck auf mich: Voller Energie und Schaffenselan verarbeitet er die mitgebrachte Musik in seinen eigenen musikalischen Gestaltungen. Durch sein großes Engagement und seine starke emotionale Beteiligung vermittelt er, dass sein schöpferisches Handeln Wichtigkeit hat.
Meine Interpretation von Herrn Sterns Aktivitäten in der Therapie ist, dass er nicht das Thema der Destruktion an sich in Szene setzt, sondern auf der musikalischen Handlungsebene einen Austragungsort für seine intrapsychische Dynamik findet, die darin besteht, dass er durch die erlebte körperliche Verletzung und die dadurch ausgelösten Ängste bedroht ist (diese Bedrohung bringt er über die deutschsprachige Heavy Metal Musik ein) und gleichzeitig auf der musikalischen Handlungsebene eine Möglichkeit findet, dieser Bedrohung etwas entgegenzusetzen und sie abzuwehren. Er kann die für ihn traumatischen Themen in die Therapie bringen und sie gleichzeitig ein Stück auf Distanz halten und sich davor schützen. Bei dieser aktiven Form der Bewältigung hat sein Spiel am Schlagzeug eine wichtige Funktion: Dieses ermöglicht ihm, seine Lebendigkeit und Kraft zu erleben und sich selbst zu versichern, dass er eben gerade nicht – so wie in dem Liedtext von „Stein um Stein“ eindrücklich beschrieben – bewegungslos eingemauert und hilflos grauenhaften Erlebnissen ausgesetzt ist. Bezieht man die Metapher in diesem Text auf Herr Sterns Position zur Zeit seines Unfalls und danach (d. h. Kontrollverlust, vollkommenes Ausgeliefertsein und Passivität), so findet gerade durch seine musikalische Aktivität eine Umkehrung von Passivität und Aktivität statt. Eine weitere wichtige Rolle spielt die Mächtigkeit des Instrumentes: Über sein Spiel an diesem besonders lauten Instrument steigert er sein Energieniveau, sein Selbstbewusstsein und seine Macht. Aus dieser neu erworbenen Stellung schafft er es, den bedrohlichen Themen ihre Überlegenheit und Macht zu rauben und sie zu einem Objekt zu machen, welches er selbst beherrscht und unter Kontrolle hat. Auf diese Weise erwirbt Herr Stern durch sein Schlagzeugspiel Autonomie gegenüber den bedrohlichen destruktiven Themen. Seine veränderte energetische Position bildet dabei ein wesentliches Fundament seines neuen Sicherheitsgefühls.[4]

4 Da eine Körperverletzung stark mit Ängsten aus der analen Entwicklungsphase verknüpft ist, ist im Kontext zu Herrn Sterns musikalischer Aktivität am Schlagzeug von

Bezieht man die kleinianische Theorie in die Interpretation mit ein, so stehen die sadistischen Themen in den Liedtexten nicht nur für das, was den Klienten in der äußeren Realität beängstigt (der Unfall als ein übermächtiges, potenziell lebensbedrohliches Ereignis, das ihn körperlich verletzt zurücklässt), sondern gleichzeitig auch für das, was ihm in seiner intrapsychischen Realität Angst macht: seine eigenen sadistischen Impulse und Phantasien (vgl. Klein 1948, 53). Da laut Klein für die Angstbewältigung und die Entwicklung eines größeren Sicherheitsgefühls nach dem Erleben einer lebensgefährlichen Destruktion gerade die Auseinandersetzung mit den eigenen aggressiven Bestrebungen besonders wichtig ist, muss es positiv gesehen werden, dass Herr Stern in Form der CD eine Möglichkeit gefunden hat, sadistische Phantasien in die Therapie einzubringen. Des Weiteren ist es förderlich, dass er über seine musikalische Aktivität am Schlagzeug handelnd in Kontakt mit seinen Aggressionen ist: Auf diese Weise gelingt es ihm, aggressive Impulse einzusetzen und zu gestalten. Insgesamt positiv an dieser Handlungsmöglichkeit in der Musiktherapie ist zu bewerten, dass sich Angst und Aggression nicht destruktiv auswirken, sondern in ein musikalisches Produkt, d.h. in etwas Konstruktives umgewandelt werden (vgl. Jochims 1991).
Daran, dass das musikalische Handeln des Klienten zu einer konstruktiven Form der Bewältigung werden kann, ist zentral beteiligt, dass Herr Stern diesen Prozess der Bearbeitung der bedrohlichen Themen nicht alleine durchführt, sondern im geschützten Rahmen der Therapie. Wäre Herr Stern bei seinen Versuchen, die zerstörerischen Themen und die dadurch ausgelösten Affekte zu bewältigen, auf sich allein gestellt, so bestünde die Gefahr, dass sein Handeln ins Destruktive kippen, dass es sich z.B. gegen andere Personen oder Gegenstände richten würde. Droht dagegen in der Therapiesituation die Aktivität des Klienten in die Destruktivität abzugleiten (was in der Tat zutrifft, da seine Handhabung der Instrumente phasenweise so extrem ist, dass ich wiederholt befürchte, die Instrumente könnten Schaden erleiden), so ist es eine *wichtige therapeutische Aufgabe, Grenzen und Strukturen einzubringen* und auf diese Weise der Eskalierung entgegenzuwirken. D.h.: die Auseinandersetzung des Klienten mit den bedrohlichen Themen ist in der therapeutischen Beziehung verankert. Herr Stern ist durch das Mitbringen der CD in die Therapie auf mich bezogen. In dieser Phase habe ich die Funktion eines ihn unterstützenden Selbstobjektes (Kohut 1971). Zu meinen Aufgaben

---

Interesse, wie Grunberger (2001) das kindliche Verhalten während der analen Phase beschreibt, welches in enger Verbindung mit der Entwicklung der Triebbeherrschung dazu dient, die narzisstische Integrität herzustellen: „Das Kind im Analstadium ... erfüllt die Welt mit Lärm, den es wie seine Exkremente produziert und hinausschleudert ... . Wie wir wissen, braucht es dieses Verhalten, um seine neue narzißtische Position, nämlich die Selbstbestätigung mit Bezug auf die anderen, zu festigen. Anders ausgedrückt: Es handelt sich um eine notwendige Übung seiner Objektbeherrschung .... Das Kind macht auf diese Weise die für die Integration seiner analen Komponente unentbehrliche energetische ‚Gymnastik', die ihm erlaubt, sein Ich zu bestätigen und es mit Kraft und wachsender Kohäsion auszustatten" (176f.).

gehört das Einbringen von gezielten Ge- und Verboten (z.B. das Verbot mit den harten Sticks des Schlagzeuges auf den Trommeln mit den weichen Naturfellen zu spielen) und damit der *Schutz der Unversehrtheit der Instrumente*: Diese stellt die absolute Begrenzung des musiktherapeutischen Settings dar – eine Grenze, welche nicht überschritten werden darf (im besonderen Fall des Klienten käme das Erlebnis, beim Versuch, die am eigenen Körper erlebte Destruktivität zu bewältigen, selbst Gegenstände zu zerstören, sogar einer beängstigenden Retraumatisierung gleich)!
Ein wichtiger Anteil meiner halt- und strukturgebenden Funktion vermittelt sich dem Klienten in dieser Therapiephase über mein musikalisches Spiel, was bedeutet, dass *ein wesentlicher Teil des Containing (Bion 1990) innerhalb der gemeinsamen musikalischen Aktivität stattfindet:* Wenn der Klient nach dem Motto „immer noch schneller und noch lauter“ mit seinem Spiel am Schlagzeug in Richtung Eskalierung in einem chaotischen Durcheinander dahinprescht, gehe ich zwar ein Stück weit mit seiner Art der musikalischen Aktivität mit (mein Spiel an den Perkussionsinstrumenten ist ebenfalls laut und schnell), bringe aber gleichzeitig, v.a. über den Rhythmus, eine musikalische Struktur ein. Das bedeutet, dass ich den Klienten über mein Spiel in eine musikalische Form einbinde und auf diese Weise die Situation ein Stück weit beruhige und einer Eskalierung entgegenwirke.
Abschließend soll ein Detail reflektiert werden, welches bisher noch keinerlei Beachtung fand: die gesteigerte Euphorie des Klienten während dieser Phase. Diese ließe sich psychodynamisch sehr schlüssig im Sinne einer manischen Abwehr (d.h. Abwehr mithilfe von manischen Elementen wie Euphorie, Größenideen usw.) der unerträglichen beängstigenden Themen interpretieren (vgl. Klein 1946, 16 und Klein 1948, 67). Da der Klient aber an einem Frontalhirnsyndrom leidet, ließe sich seine gesteigerte Euphorie auch als Verstärkung dieser organisch bedingten Problematik im Kontext seiner durch die Auseinandersetzung mit den Themen verursachten Aufregung verstehen. Dieses Detail wird sich weder klären noch mit Sicherheit richtig zuordnen lassen.[5]

Phase 2) Die Auseinandersetzung des Klienten mit existenziell bedrohlichen Themen kommt zum Abschluss; Neuorientierung

Nach einem halben Jahr Heimaturlaub kehrt Herr Stern zu einem 2½-monatigen Therapieaufenthalt in das Rehabilitationszentrum zurück, so dass wir die Musiktherapie neuerlich aufnehmen können. Diese letzte Therapiephase umfasst 18 Stunden. Da sich Herrn Sterns kognitive Fähigkeiten während seiner Abwesenheit erweitert und verbessert haben (die Quantifizierung seines organischen Psychosyndroms liegt zu diesem Zeitpunkt bei mittelgradig), sind seine im Folgenden referierten Entwicklungsschritte auf jeden Fall in diesem Kontext zu sehen.

5 Bei von einer erworbenen Hirnschädigung Betroffenen ist es häufig schwer zu unterscheiden, ob die im Erscheinungsbild vorliegenden Auffälligkeiten eine psychische oder organische Ursache haben (Prosiegel 2007).

Herrn Stern ist es jetzt ansatzweise möglich, über seine Lebenssituation und die in letzter Zeit gemachten Erfahrungen zu reflektieren. In diesen Gesprächen ist er ernst und macht einen erwachseneren Eindruck auf mich als beim vorhergehenden Aufenthalt. Auch das Material, das der Klient in die Therapie mitbringt, ist verändert. Was die Musik der Gruppe Rammstein angeht, so kommt ein neuer Aspekt hinzu, nämlich der, dass mir Herr Stern Ablauf und Inhalt der Videoclips der einzelnen Lieder erzählt. Auch diese befassen sich mit dem Themenkreis Unfall, körperliche Verletzung und eingeschränkte Bewegungsfreiheit (in einem Clip stürzt eine Person von einem Berg ab, wird aber gerettet; in einem anderen Clip ist die Hauptperson ein körperbehinderter Mensch im Rollstuhl). Im Vergleich zur vorhergehenden Therapiephase wählt Herr Stern mit dieser Art des Erzählens bereits eine bewusstseinsnähere Form der Auseinandersetzung mit den entsprechenden Themen. Außerdem fängt er an, über einzelne Textzeilen nachzudenken: Was heißt das: „Sie fliegen ins Verderben“ oder „Die Seele wird aus dem Kind gedrückt“? Er begreift, dass es dabei um „nichts Gutes“ geht. Ich stelle in dieser Situation eine Verbindung zwischen dem „Verderben“ und dem Thema Tod her und spreche außerdem die düstere musikalische Stimmung des betreffenden Liedes an. In dieser Therapiestunde wird dem Klienten bewusst, dass seine Lieblings-CD eigentlich eine „ernste CD“ ist. Dieses Thema beziehe ich auf seinen Unfall, der ja auch ernst gewesen sei. Im Gegensatz zu den Therapiesituationen im Jahr davor, in denen ich zwar auch versucht hatte, die von dem Klienten eingebrachten Themen in Beziehung zu seiner Person bzw. seiner Lebenssituation zu setzen, wobei er damals aufgrund seiner stark eingeschränkten Reflexionsfähigkeit in keiner Weise von meinen verbalen Interpretationen profitieren konnte, beginnt er diesmal, über die von mir hergestellten Zusammenhänge nachzudenken und kann die existenzielle Bedrohlichkeit der Themen in den Liedtexten ansatzweise erkennen.[6]

Um die beschriebene Situation im Rahmen der gesamten Therapiephase richtig einordnen zu können, muss betont werden, dass es sich bei Gesprächen dieser Art um einzelne Situationen handelt. Parallel dazu gibt es nach wie vor Therapiestunden, in denen sich der Klient durch exzessiv schnelles und lautes Spiel am Schlagzeug die von ihm eingebrachten bedrohlichen Themen auf Distanz hält. Insgesamt gesehen, nimmt die Heavy Metal Musik im Verlauf dieser letzten Therapiephase zunehmend weniger Platz ein. Stattdessen bringt der Klient vermehrt Popmusik, auch temperamentvolle lateinamerikanische Popmusik, mit (Hörbeispiel: Juanes: „La camisa negra“; Bravo Hits 51, 2005). Mit diesem musikalischen Wechsel verschwindet nach und nach die düstere Stimmung der vorhergehenden Therapiephase vollständig und macht einer heiteren, spielerischen Atmosphäre Platz, innerhalb welcher Herr Stern lustvoll am Schlagzeug experimentiert. Unterstützt durch seine erweiterten kognitiven Fähigkeiten und die verbesserte Impulskontrolle entwickelt er eine komplexere Spielweise: Im Kontrast zu dem durchgehend exzessiv schnellen

6 Meines Erachtens stellt die vorhergehende Therapiephase, in der Herr Stern die bedrohlichen Themen auf der musikalischen Handlungsebene durcharbeitet und symbolisiert, eine wichtige Vorbereitung für das Benennen zu diesem späteren Zeitpunkt dar (vgl. Jochims 1991).

und lauten Spiel zur Heavy Metal Musik macht der Klient bei der lateinamerikanischen Popmusik deutliche dynamische Unterschiede, setzt die unterschiedlichen Klangfarben der Trommeln gezielt ein und spielt Rhythmen anstelle eines schnell durchlaufenden Grundmetrums.
Das Einbringen der neuen Musik, die damit verbundene Wandlung der Atmosphäre sowie das veränderte musikalische Verhalten des Klienten können so interpretiert werden, dass Herrn Sterns Bedürfnis nach einer handelnden Auseinandersetzung mit den bedrohlichen Themen abnimmt, d.h. dass seine intrapsychische Dynamik des Bedrohtseins durch die traumatischen Themen und die Notwendigkeit ihrer Abwehr nicht mehr so drängend ist und die existenziell bedrohlichen Themen jedenfalls ein Stück weit durchgearbeitet sind, so dass der Klient sie zur Seite legen kann. Dass dadurch Platz für Neues entsteht, zeigt der lebensfrohe Charakter der von Herrn Stern neu eingebrachten Musik sowie die veränderte, unbeschwerte Atmosphäre der Therapie, in der Herr Stern spielerisch experimentieren kann.
Auch in der therapeutischen Beziehung gibt es Veränderungen: Während in der vorhergehenden Therapiephase die gesamte Aufmerksamkeit des Klienten auf die Heavy Metal Musik und seinen eigenen musikalischen Gestaltungsprozess gerichtet war und mir vorrangig die Funktion eines ihn unterstützenden Selbstobjektes zukam (ich übernahm für ihn v.a. strukturgebende Funktionen, die er zu diesem Zeitpunkt selbst noch nicht übernehmen konnte), habe ich in dieser Therapiephase erstmals den Eindruck, dass er mich als eigenständiges Gegenüber wahrnimmt. Diese Veränderungen in der therapeutischen Beziehung bilden sich auch in unserer musikalischen Interaktion ab: Während in der vorhergehenden Therapiephase die musikalischen Aktivitäten des Klienten auf die Heavy Metal Musik bezogen waren und ich sein Spiel begleitete, spielen wir jetzt zweistimmig, wobei es viele dialogische Elemente gibt (z.B. Spiel rhythmischer Akzente im Wechsel). Diese Interaktionen führen auch zu vermehrten direkten Blickkontakten.
Meines Erachtens spiegelt sich Herrn Sterns erfolgreiche Bearbeitung der traumatischen Themen vor allem darin, dass er unbeschwert spielen und sich mir als Gegenüber zuwenden kann, d.h. er vermag seine Libido auf etwas Neues zu richten. Dies zeigt sich auch im alltäglichen Leben: Er schenkt seinem Äußeren mehr Aufmerksamkeit und wirkt in der Gesamterscheinung jetzt nicht mehr derart kindlich wie beim ersten Therapieaufenthalt, sondern eher wie ein Jugendlicher. Auch ist er insgesamt selbstständiger geworden, begibt sich vermehrt aus dem Rehabilitationszentrum hinaus und intensiviert die Kontakte zu seinen Mitpatienten. Neu ist auch, dass in den Gesprächen in der Therapie das Thema Krankheitsverarbeitung anklingt: Der Klient äußert erste Überlegungen, dass sein Arm möglicherweise in der Beweglichkeit stark eingeschränkt bleiben wird, und beginnt sich Gedanken über eine berufliche Zukunft mit gelähmtem Arm zu machen.

Schlusswort

Mein Anliegen war es aufzuzeigen, dass Menschen nach einer erworbenen Hirnschädigung, auch wenn sie in den allermeisten Fällen nicht an einer posttraumatischen Belastungsstörung leiden, trotzdem massiv psychisch traumatisiert sein können.
In dem Fallbeispiel wurde gezeigt, dass es auch einem kognitiv stark eingeschränkten Klienten möglich ist, existenziell bedrohliche Themen und damit verbundene heftige Affekte auf der musikalischen Handlungsebene durchzuarbeiten. Besonders wichtig an dem referierten Therapieprozess ist, dass der Klient die bedrohlichen Themen in einer seinen kognitiven Möglichkeiten adäquaten Form symbolisieren und gleichzeitig seine damit verbundenen Affekte gestalten und abführen kann. Hervorheben möchte ich auch das positive Potenzial der Handlungsebene in der Musiktherapie: Da das Trauma des Klienten sehr stark mit dem Erleben von Kontrollverlust und Ausgeliefertsein verbunden ist, ist die Möglichkeit zur Aktivität bei der Bearbeitung der traumatischen Themen wesentlich: Sein musikalischer Gestaltungsprozess wird zu einer aktiven Form der Bewältigung. Dies ermöglicht ihm eine progressive psychische Entwicklung, die sich letztendlich darin zeigt, dass er seine Auseinandersetzung mit den bedrohlichen Themen zum Abschluss bringen und sich neuen Lebensthemen zuwenden kann.

Musiktherapie mit kriegstraumatisierten Menschen

Patricia Braak

Kurzdarstellung des Behandlungszentrums für Folteropfer Berlin (bzfo)

Das Behandlungszentrum für Folteropfer in Berlin existiert seit 1992. Hier kümmern sich insgesamt 24 Mitarbeiter um durch Krieg und Folter traumatisierte Menschen und bieten ihnen Hilfe durch Psychotherapie, Sozialarbeit und medizinische Betreuung.
Im Jahre 2005 wurden ca. 370 Patienten aus verschiedensten Ländern behandelt. Ein Großteil der Patienten stammte zu diesem Zeitpunkt z. B. aus der Türkei, dem Kosovo, Bosnien-Herzegowina, Tschetschenien, Syrien, dem Libanon, Guinea, der ehemaligen DDR, Irak und Angola.

Die Patienten kommen in der Regel in ambulante Behandlung oder in die teilstationäre Tagesklinik.
Eine vorhandene Kinder- und Jugendlichenabteilung richtet sich mit ihrer Arbeit an minderjährige Flüchtlinge.
Die Zahl der Anfragen ist hoch und übersteigt die vorhandenen Kapazitäten bei weitem; pro Monat kommen ca. 20–30 neue Anfragen für Therapie (und Beratung), während sämtliche der Therapieplätze oft über lange Zeiträume vergeben sind.
Der Haushalt des bzfo besteht zu etwa 55 % aus öffentlichen Mitteln und zu 45 % aus Spenden. Musiktherapie ist seit 2000 in das therapeutische Angebot integriert.

Kurzdarstellung zur Lebenssituation der traumatisierten Flüchtlinge in Deutschland

Ein Großteil der Patienten am bzfo hat keinen gesicherten Aufenthaltsstatus. Allgemein gehen damit wesentliche Einschränkungen einher, wie der beschränkte Zugang zum Gesundheitswesen, Bildungs- und Arbeitsmarkt. Auch die Wohnsituation ist für Asylbewerber sowie deren Angehörigen oft deutlich benachteiligt.
Während der Dauer des Anerkennungsverfahrens dürfen Asylbewerber ihren zugewiesenen Landkreis grundsätzlich nicht verlassen (Residenzpflicht), und somit weder innerhalb Deutschlands noch ins Ausland verreisen. Dies erschwert den Zugang zu Beratungsstellen und Therapieangeboten, wenn diese sich nicht im selben Landeskreis befinden. Kurzfristige Sondergenehmigungen wie z. B. für therapeutische Behandlung sind zwar durch sogenannte „Urlaubsscheine“ zu erhalten, die Vergabe ist in der Praxis jedoch nicht einheitlich geregelt und nimmt mitunter Formen von willkürlich anmaßenden Entscheidungen an. Für Betroffene bedeutet diese Regelung oft eine zusätzliche psychische Belastung, der Urlaubsschein kann

selbst bei regelmäßiger wöchentlicher Therapie in der gängigen Praxis jede Woche erneut durch die zuständige Ausländerbehörde ausgestellt werden.

Das Verlassen der Heimat ist verbunden mit dem Zurücklassen von Angehörigen und dem weiteren sozialen Umfeld, aber auch der ehemaligen Verantwortung in Familie und Beruf. Eventuelle bereits in Deutschland lebende Angehörige sind nur bedingt als Unterstützung zugänglich, da die Zuweisung des Wohnortes Angehörige nicht berücksichtigt.
Die Erlaubnis einer Arbeitsaufnahme in Deutschland in Abhängigkeit zum Asylstatus wird Asylbewerbern zunächst nicht erteilt, wobei sich dies förderlich für den Integrationsprozess auswirken könnte.
Über Jahre, manchmal sogar über länger als ein Jahrzehnt hinweg, ist der Ausgang des Asylverfahrens unsicher. Selbst bei einem Verfahren mit Anerkennung des Asylantrags kann noch eine zeitlich befristete Aufenthaltserlaubnis erteilt werden. In diesem Fall wird den folgenden Jahren mehrmalig geprüft, ob das Bleiberecht weiterhin besteht.
Eine mögliche drohende Abschiebung begleitet viele der Menschen in ihrem Alltag als dauerhafte Angst. In Zusammenwirkung mit den Ängsten aufgrund der Erkrankung kann dies den Gesamtzustand erheblich beeinflussen. Mangelnde Integration ist eine Folge, die Betroffenen werden gehindert, sich ein selbstbestimmtes Leben in der Fremde aufzubauen; sie leben stattdessen im Dauerprovisorium.

Was kann Musiktherapie in der Arbeit mit traumatisierten Menschen beitragen?

Durch die Verletzung ihrer Würde sind viele durch Folter traumatisierte Menschen in ihrem Leiden und als Opfer gefangen. Die Erinnerungen an die erlebten Qualen verfolgen sie weiter, und sie sind infolgedessen nicht in der Lage, sich auf die Zukunft hin zu orientieren. Die erlebte Ohnmacht, die sie bei den traumatisierenden Ereignissen erlitten, hat sich oft in der Erinnerung so verfestigt, dass sie zum Muster auch für ihr weiteres Leben geworden ist.
Durch die vorhandenen traumatischen Erfahrungen und dem damit einhergehenden Leid kommt es oft zu einer erstarrten Haltung nach innen und außen. Musiktherapie beinhaltet eine Qualität, die vor allem auf Aktivierung, sprich Handlung, basiert: Patienten werden von Anfang an aktiv mit einbezogen, und erfahren im Verlauf wieder ihre jeweiligen Handlungsräume und Veränderungsmöglichkeiten.

In der musiktherapeutischen Arbeit steht daher zum einen das Produzieren von Musik im Vordergrund, durch welches Patienten nicht zuletzt wieder eigene Selbstwirksamkeit erleben können. Im musikalischen Handeln in Form von musikalischen Improvisationen, Singen, Bewegung sowie Tanz erfahren sie neben dem kreativen Erproben und Gestalten auch das Einflussnehmen auf das Geschehen im musikalischen Prozess.

Des weiteren ist bei diesem Klientel die Ressourcenarbeit grundlegend. Vorhandene Fähigkeiten und Kompetenzen, aber auch das Verstärken von positiven Erinnerungen, werden zur Stabilisierung aufgegriffen und weiter gefördert. Das Aufdecken von individuellen Ressourcen der Patienten können im therapeutischen Prozess in der Erarbeitung von Bewältigungsmöglichkeiten sowie des Be- und Verarbeitens ihrer traumatischen Erfahrungen gezielt genutzt werden.

Weitere wesentliche Bestandteile in der musiktherapeutischen Arbeit sind das Trainieren von sowohl den sozialen Kompetenzen als auch der Wahrnehmung. Bedingt durch den Status als Asylbewerber, vor allem aber durch die Symptomatik einer Traumatisierung, sind soziale Kontakte oft gehemmt oder eingeschränkt. Im musiktherapeutischen Setting können grundlegende Fähigkeiten wie Affektregulation, soziale Interaktionen bis hin zur Beziehungsfähigkeit geübt und ausgebaut werden. Einhergehend mit der Symptomatik einer Traumatisierung sind ebenso Veränderungen in der Wahrnehmung, die sich u. a. in unkontrollierten und zwanghaften Erinnerungen (intrusiven Gedanken), Veränderungen im Zeiterleben, intensiven Körperwahrnehmungen, Gefühlen von Desintegration oder dem Gefühl des ständigen Bedrohtseins durch Andere aufzeigen.

Im Folgenden richte ich den Fokus vor allem auf die Ressourcenarbeit. Hier entsteht, nicht zuletzt im musikalischen Verständnis, ein spannendes Handlungsfeld für Musiktherapeuten. In grundlegender Auffassung ist das Aufspüren und Fördern von möglichen Ressourcen immer ein individuell ausgerichtetes Vorgehen. Aus der musiktherapeutischen Erfahrung zeigen sich jedoch auch übergreifend viele vorhandene, auch musikalische, Ressourcen im Bereich der jeweiligen Kultur, welche eng an die jeweilige Identität geknüpft sind.

Ressourcenarbeit in der Musiktherapie

In der musiktherapeutischen Arbeit mit traumatisierten Flüchtlingen und Folterüberlebenden ist das Aktivieren von gesunden Anteilen wichtig, um Kraftressourcen für den Verarbeitungsprozess des Traumas herzustellen. Diese können in positiven Erlebnissen in der Biografie als auch im Anknüpfen an die kulturelle Identität liegen.
In den meisten Herkunftsländern der Patienten sind Musik und Tanz essentielle Bestandteile kultureller Identität. Musik und Tanz stehen in vielen Kulturen für Gemeinschaftserleben und sind ein Ausdruck von Zusammengehörigkeit und Lebensgefühl. Das alltägliche Leben ist mit Musik eng verknüpft, z. B. Feierlichkeiten sind traditionell durch live gespielte Musik und Gemeinschaftstänze geprägt. Somit werden Werte und Traditionen einer Kultur durch Musik weiter vermittelt.

Ihre Herkunft bzw. Kultur bedeutet für durch Krieg und Folter Traumatisierte eine starke Ressource, die ihnen Halt bieten kann. In der Entwurzelung zum Heimatland, und trotz der damit verbundenen aktuellen Ängste, dorthin vielleicht zurückkehren zu müssen, ist die Herkunft eng verknüpft mit der jetzigen Identität, die sich an die neuen Gegebenheiten im Fluchtland anpassen muss. Die eigenen kulturellen Ursprünge werden in der Fremde noch wichtiger.

Das Aufgreifen von traditioneller Musik aus der Heimat in der Musiktherapie kann helfen, eine Brücke zu den vorhandenen gesunden Anteilen des Selbst zu bauen. Wenn diese eigene Identität zu einem wesentlichen Bestandteil in der Musiktherapie wird bzw. ihre kulturelle Identität an Bedeutung gewinnt, erleben sich Menschen mit ihrer Herkunft anerkannt. Im Spielen und Singen ihrer eigenen Lieder sind sie kompetent, und das Herantasten über Musik an die heimatliche Kultur ermöglicht einen Austausch auch für das individuelle Verständnis.
In der musiktherapeutischen Praxis sind die Erinnerungen an die Musik aus der Kindheit bzw. Jugend manchmal nur vage oder gar nicht vorhanden. Das Benutzen von Instrumenten geschieht zögerlich, viele Menschen kommen mit der Überzeugung, sie könnten gar nicht spielen. Im Herantasten und dem Ausprobieren verschiedener Instrumente zeigen sich allerdings oft überraschende Kompetenzen auf, einhergehend mit spontan einfallenden Erinnerungen an Momente der Vergangenheit mit positivem Inhalt. Mögliche Erinnerungen sind Hochzeiten oder Geburtstage sowie das eigene Spielen von Instrumenten, Singen und Tanzen. Fast immer gibt es eine zunächst nicht erinnerte musikalische Vorerfahrung, in der die Betroffenen spielerisch die eigene Tradition durch Musik, Gesang und Tanz erlernt hatten. Im Erinnern werden z. B. Lieder oder Anlässe wie Hochzeiten, Geburtstage reaktiviert. Damit einher gehen Erinnerungen an die Jahre vor dem Trauma, z. B. aus der Kindheit, und können mit vielfältigen positiven Gefühlen verbunden sein.
Erfahrungsgemäß stellen sich dabei auch Veränderungen in der körperlichen Haltung deutlich ein, Gestik und Mimik werden lebendiger, die Haltung aufrechter, die Stimme angeregter und stärker. Dies ist eine wichtige Erfahrung für die Betroffenen, die sich sonst fast ausschliesslich als krank und unfähig zur Alltagsbewältigung empfinden. Stattdessen wird innerhalb der Musiktherapie ein Raum geschaffen, in dem aktive Handlung und Gestaltung angeregt werden. Der Fokus rückt somit auf das jetzige Geschehen, so dass die Beschäftigung mit quälenden Erinnerungen oder Sorgen, die sich im jetzigen Alltag auftun, mitunter in den Hintergrund treten, und von Patienten mehrfach als „erster Weg zurück in die Normalität“ bezeichnet wird.
In dem Ausprobieren der eigenen Stimme und der Instrumente nimmt das musikalische Handeln nach und nach konkretere Formen, z. B. in der Rhythmusgestaltung, an. Die Patienten gewinnen an Sicherheit und entwickeln im Verlauf ihre musikalische Ausdrucksfähigkeit. Das aktivierte Interesse kann dazu beitragen, dass vom Patienten eigene Musik oder Lieder mitgebracht werden.

Die eigene musiktherapeutische Erfahrung hat aufgezeigt, dass mitunter Liedtexte in der Musiktherapie zum Gefühlsausdruck genutzt werden. Abhängig von dem Erlebten, aber auch von dem Kulturhintergrund, kann es Menschen schwerer fallen, ihre eigenen Gefühle differenziert zu benennen. Durch Lieder und deren textlichen Inhalt können Elemente aufgegriffen werden, über die sich die Patienten in Bezug zu ihrer eigenen Gefühlswelt setzen können. Im anschließenden Austausch über das Lied, und welche Elemente besondere Bedeutung für den Patienten hatten, fällt vielen das erste Benennen von eigenen Gefühlen leichter.

Aspekte der Trauer in der Musiktherapie

Durch das Einbringen von Liedgut und Anknüpfen an die kulturellen Ressourcen kommen bei den traumatisierten Menschen vielfältige Erinnerungen und Gefühle hoch. In dem Spielen, Singen und Hören von Liedern aus der verlorenen Heimat sind auch Gefühle der Trauer und Sehnsucht enthalten; mitunter wird der Schmerz um das Verlorene, das Unwiederbringliche groß. Das Vermissen von Angehörigen, die Sehnsucht nach der Natur in der eigenen Heimat sind wiederkehrende Gefühle und erhalten musikalischen als auch verbalen Raum in der Musiktherapie. Trauer ist ein dazugehöriger Aspekt in der Verarbeitung des Geschehenen, ohne das traumatische Erlebnis direkt zu berühren.

Inwiefern dem Trauerprozess Raum gegeben wird, ist zum einen stark abhängig von den individuellen Ressourcen des Patienten. Wenn nötig, sollte der Therapeut deutlich intervenieren, so dass das schmerzvolle Erinnern keine unkontrollierbare verstärkte Beschäftigung mit Gedanken aufreißt. Dies kann durch die Instabilität der Persönlichkeit des Patienten, als auch zum anderen durch konkrete Verbindungen der Trauer mit der möglichen Traumatisierung, z. B. um einen Angehörigen, der in Zusammenhang mit den Erlebnissen des traumatisierenden Ereignisses zu Tode kam, eine potentielle Gefahr im Sinne der möglichen Retraumatisierung oder Verschlechterung seines Zustandes sein.

Gebrauch von Instrumenten und Musik in der Musiktherapie

Die musikalischen Vorkenntnisse der Patienten können vielfältig sein. Als grundsätzliches Angebot im eigenen Setting haben sich vor allem Percussioninstrumente bewährt, z. B. Djembe, Conga, Bongo, Darbuka und diverse Rahmentrommeln wie z. B. Daff. Auch melodische Instrumente, wie Leier, vorgestimmt mit der arabischen Tonleiter, Marimba, Akkordeon und Klavier kommen zum Einsatz.

In der Musiktherapie werden im eigenen Setting u. a. sowohl musikalische Improvisationen, Bewegung und Tanz als auch das Spielen und Singen von Liedern verwendet.

Viele der Rhythmen aus den verschiedensten Kulturen sind mit festen Namen und teilweise entsprechenden Anlässen belegt, z. B. Hochzeitsrhythmen und diverse Tanzrhythmen.
Alleine die Vielfalt der Taktarten in der gespielten Musik sind weitreichend; Verwendung finden Rhythmen im 4/4- oder 6/8-Takt, bis hin zu Taktarten z. B. in 5/4, 7/8 oder 9/8.

Übersetzer in der Musiktherapie

Übersetzer sind in der therapeutischen Arbeit mit Traumatisierten essentiell, wenn Therapeut und Patient nicht über die gleichen Sprachkenntnisse bzw. denselben kulturellen Hintergrund verfügen. Mit Hilfe von Übersetzern kann ein verbaler Austausch über Bedeutungsinhalte oder vertiefendes Wahrnehmen bzw. Nachfragen durchgeführt werden. Therapeutische Arbeit sollte daher möglichst immer in der Sprache durchgeführt werden, in der der Patient die größten Kenntnisse besitzt, in der Regel seine Muttersprache.

Der Wechsel zwischen simultanem (zeitgleichem) und konsekutivem (aufeinanderfolgendem) Übersetzen erfordert sowohl für Übersetzer als auch Therapeuten Training, sowie ebenfalls eine gewisse Eingespieltheit in der funktionierenden Diade. Generell erfolgen Instruktionen zur Art des Dolmetschens durch den Therapeuten, die Art des Übersetzens kann durch den Übersetzer aber auch selbständig gewechselt werden, basierend auf den Erfahrungen als Arbeitsteam und den spezifischen spontanen Bedingungen. Prinzipiell wird im eigenen Setting der Musiktherapie konsekutiv übersetzt, in dem das Gesagte nacheinander übersetzt wird und somit konkretere Wahrnehmungsmöglichkeiten von verbalen und paraverbalen Elementen zulässt.

Durch die Diaden- als auch Triaden-Beziehungen zwischen Therapeut, Patient und Übersetzer entstehen vielfältige Aspekte, die sich in der gemeinsamen Interaktion aufzeigen. Aufgabe des Therapeuten ist hier, sich der Beziehungsgeflechte permanent bewusst zu sein und ein effektives therapeutisches Setting zu regulieren.

Während Übersetzer für Therapeuten in erster Linie Sprachvermittler sind, können sie für die Patienten auch „Verstehende", „Verbündete" sein. Sie tragen wesentlich zur Beziehungsgestaltung bei, indem sie mitunter nicht nur alles Gesprochene übersetzen, sondern auch aufgrund der eigenen kulturellen Kenntnisse wertvolle Hinweise geben können. wenn sie z. B. realisieren, dass der Patient eine Fragestellung nicht hat verstehen können, oder weshalb auf bestimmte Situationen spezifisch reagiert wird. Übersetzer können durchaus auch positive Vorbilder für die Patienten sein, indem sie eine gelungene Adaption und Integration in der neuen Kultur vorleben.

Neben dem Dolmetschen zwischen Patient und Therapeut ist das Wissen von Übersetzern bezogen auf die Kulturen höchst hilfreich zum Verständnis der jeweiligen Kultur. Hier hat der Therapeut Ansprechpartner für spezifischere Nachfragen, Übersetzer sind in ihrer Funktion sozusagen auch „Kulturvermittler" (vgl. Braak 2006).

In der eigenen Arbeit unterscheidet sich die Rolle für Übersetzer im Einzel- und Gruppensetting variabel. Während im Einzelsetting die Funktion des Übersetzens vorrangig ist, wenn Patient und Therapeut miteinander agieren, werden Übersetzer in der gruppentherapeutischen Arbeit mitunter in musikalische Handlungen einbezogen. Hier kann die eigentliche Funktion des Übersetzens um das „role modelling", der Übersetzer als Vorbild, erweitert werden. Dies bewährt sich an Stellen, wo z. B. eine stabilisierende oder aktivierende Funktion im Gruppensetting erzielt werden soll. Auch hier sind klare Vorgaben durch den Therapeuten notwendig, um ein eventuelles „Mutieren zum Gruppenmitglied" des Übersetzers zu verhindern.
Da Übersetzer in der Regel nicht therapeutisch geschult sind, trägt der Therapeut sowohl die Verantwortung in der Arbeit mit dem Patienten als auch für das Wohlergehen des Übersetzers. Daher sollte ein regelmäßiger Austausch mit dem Übersetzer in Form von Vor- und Nachbesprechungen stattfinden. In dem Setting des bzfo wird des weiteren regelmäßige Gruppensupervision für die Übersetzer angeboten.

Die Wahl der Übersetzer ist ein möglicher wichtiger Entscheidungsfaktor für die spätere Umsetzung der Therapie. Die Auswahl kann bereits Aspekte des möglichen Misstrauens oder Ablehnens aufwerfen. Dies muss sensibel beachtet werden, da die weitere therapeutische Beziehungsgestaltung wesentlich davon abhängt. Hier können nicht nur Herkunftsland und ethnischer Hintergrund des Übersetzers, sondern auch Herkunftsgebiet, Geschlecht als auch die politische Gesinnung einen entscheidenden Einfluss nehmen.

Herausforderungen in der musiktherapeutischen Arbeit

Eine der größten Herausforderungen mit kriegstraumatisierten Patienten ist die mögliche vorzeitige Beendigung oder Unterbrechung der therapeutischen Arbeit durch äußere Bedingungen. Da der Asylstatus in vielen Fällen noch ungeklärt ist, während Patienten sich aufgrund ihrer Beschwerden in therapeutische (und medizinische) Behandlung begeben, kann eine mögliche Ablehnung und folgende Abschiebung eine weiter fortlaufende Therapie verhindern.
Da schon das Verfahren des Asylantrages eine unstabile Bedingung mit herbeiführt, die sich auch in der Konsequenz destabilisierend auf die Betroffenen auswirkt, müssen hier sämtliche individuelle Rahmenbedingungen eingehend geprüft werden, um

festzulegen, welche therapeutischen Interventionen sinnvoll sind. Solange die juristischen Aspekte noch nicht geklärt sind, richtet sich die Arbeit oft dementsprechend zunächst auf Begleitung, Stabilisierung und Krisenmanagement aus. Fortschritte oder Rückschläge sind daher in der therapeutischen Arbeit auch an die äußeren Faktoren, wie gerichtliche Termine, der Verlängerung des Aufenthaltes, der Erteilung einer Aufenthaltserlaubnis, angelehnt.

Um in diesem Dauerprovisorium entsprechenden Halt zu geben, verbleiben viele durch Krieg und Folter traumatisierte Menschen über lange Zeit hinweg in der therapeutischen Behandlung. Selbstverständlich können dem Traumatisierten zudem nach dem Beendigen einer Therapie unerwartete Anforderungen oder neue Erlebnisse begegnen, die ihn in eine starke Labilisierung und erneute Symptomverstärkung zurückwerfen. Daher ist ein sogenannter Rücklauf von Patienten nicht auszuschließen, und es gilt immer wieder, auch diese eingetretenen Rückschläge therapeutisch aufzufangen.

Unter diesen Bedingungen entsteht in der Praxis ein Ungleichgewicht zwischen Aufnahmemöglichkeiten und Anfragen. In mehreren Einrichtungen werden daher Wartelisten geführt, die mit weiteren Strategien wie Clearinggesprächen (Herstellen von Kontakten des Wartenden/Anfragenden zu anderen Beratungsstellen, Anwälten, Ärzten etc.) einhergehen können.
Während die Aufnahmekapazität in Deutschland vorrangig den Bereich der psychotherapeutischen und medizinischen Behandlung betreffen, war dies in der eigenen Erfahrung eine ebenso vergleichbare Problemstellung der Neuaufnahmen für Musiktherapie in der musiktherapeutischen Abteilung in Mostar, Bosnien-Herzegowina. Die dauerhafte Frage nach Kapazität und Wartezeiten für eine Therapie nehmen unterschiedlichsten Einfluss auf die Rahmenbedingungen von Einrichtungen und die dort tätigen Mitarbeiter.

Abschließend lassen sich die in der Therapie entstehenden Beziehungsmuster und -reaktionen als herausfordernd benennen. In der therapeutischen Arbeit entstehen oft starke Übertragungsphänomene, in denen es vor allem um Macht und Ohnmacht, Kontrolle und Kontrollverlust, Beherrschung und Unterwerfung geht. Diese Übertragungen basieren auf den oftmals extrem grausamen Erlebnissen, mit denen traumatisierte Menschen konfrontiert waren. Regelmäßige Reflexion, Supervision und Aufsicht auf die Beziehungsgestaltung bzw. vorhandene Übertragungen sind daher für den Therapeuten unabdingbar. Auch der bewusste Umgang mit eigenen Ressourcen und Strategien der Psychohygiene muss erfolgen, um in der therapeutischen Bearbeitung mit den Patienten nicht selbst in Hilflosigkeit und Ohnmacht zu geraten.

Konzepte und Methoden der Musiktherapie bei traumatisierten Menschen

„Musiktherapie mit traumatisierten Menschen“

Judith Sonntag/Thomas Jüchter

Vorstellung des Posters[1] „Methoden der Musiktherapie mit traumatisierten Menschen“, erarbeitet vom Arbeitskreis „Musiktherapie in der Traumabehandlung“ der DGMT-LAG-Nord

1. Vorstellung des Arbeitskreises

Der Arbeitskreis „Musiktherapie und Trauma“ der LAG Nord besteht seit März 2005. Hervorgegangen ist er nach LAG-Nord-Tagungen zum Thema „MT und Traumatherapie“. Diese Tagungen befassten sich bereits mit den spezifischen Problemen, die in der Behandlung mit komplexen, frühkindlichen Traumata auftreten können.

Die Resonanz auf die Tagungen war außergewöhnlich hoch, was die Aktualität und die Brisanz dieses Themas zeigte. Schließlich bildete sich ein Arbeitskreis, heute bestehend aus 11 Musiktherapeutinnen und -therapeuten,
Die Arbeitsfelder reichen dabei von psychotherapeutischen Fachkliniken und Psychiatrie über freie Praxen bis hin zu Schulen. Es eint uns ein psychodynamischer Ansatz. Wir arbeiten mit sowohl aktiven wie rezeptiven Methoden.

Der Arbeitskreis trifft sich bisher im regelmäßigen Abstand etwa sechs mal im Jahr in Hamburg.
Als Aufgabe haben wir uns gestellt, ein Verständnis für die Dynamik in der Arbeit mit traumatisierten Menschen zu gewinnen und Behandlungs- und Interventionstechniken zu entwickeln. Dazu beschäftigten wir uns bisher mit der Diagnostik, mit neurophysiologischen und -biologischen Zusammenhängen und mit Behandlungsgrundlagen, wie sie von Luise Reddemann, Michaela Huber oder Martin Sack von der medizinischen Hochschule Hannover beschrieben wurden. Außerdem führte uns ein Exkurs in die noch einmal spezifische Thematik der Traumatisierungen bei Kriegskindern. Einige aus dem Arbeitskreis nahmen an dem Seminar zum Thema bei Josef Moser im Oktober 2006 teil.

1 Die Ergebnisse der Arbeit zum Trauma-Symposium finden sich im Anhang

2. Poster

Auf dem Poster haben wir musiktherapeutische Methoden beschrieben, die wir in unserer Arbeit mit traumatisierten Menschen anwenden, eingehend auf die besonderen Aspekte, die sich aus der besagten Problematik ergeben.

Geleitet hat uns dabei die Grundhaltung und die Überzeugung, dass es bei Fragen um Indikation und Kontraindikation nicht um die Musiktherapie an sich geht, sondern um die Methodik. Das heißt, Musiktherapie ist indiziert in dem Moment, wo bei einem Menschen ein seelisches Leiden zu einem psychotherapeutischen Behandler führt, um die Folgen dieses Leidens aufzuarbeiten und handhabbar zu machen.

In der Musiktherapie liegen optional etliche Ebenen und Wirkfaktoren, über die Trauma-Betroffene sich stabilisieren und die Trauma-Folgen zu handhaben lernen können. Johanna Bolterauer beschreibt in ihren psychoanalytischen Überlegungen zur Wirkungsweise von Musik die Macht der Musik selbst,

- die als Trägerin für Tagträume und Phantasien dienen kann,
- in der über aktives Zuhören ein Mitgehen und Erleben von Musik möglich wird, insbesondere in der Wahrnehmung der Erregungskurve (Spannungsanstieg, Höhepunkt, Beruhigung),
- in der *analytisches* Hören ein genaues Verfolgen dessen ermöglicht, was in der Musik geschieht, und
- die die Funktion eines tröstenden und besänftigenden Übergangsphänomens, wie es Winnicott beschrieben hat, übernehmen kann.

(Bolterauer, 2006)

Darüber hinaus wirken in der Improvisation die musikalische Beziehung zwischen Patient und Therapeut und die *musikalische Szene, in der sich der Patient in einem sozialen System mit seinen Beziehungsgestaltungen erleben kann. Gleichzeitig dient sie quasi als Übungsfeld für einen neuen Umgang mit sich und der Welt in einem gestärkten Erwachsenen-Ich und kann für Kurskorrekturen genutzt werden.*

Angst und Hyperarousalzustände sind jedoch diejenigen Gefühle und Affekte, die dem traumatisierten Patienten in der Improvisation gleichsam die Luft zum Atmen nehmen können.
Daher ist das wichtigste Gebot in der Musiktherapie, wie in jeder anderen Therapieform auch, Schutz, Sicherheit und Kontrolle für den Patienten zu gewährleisten. Dies trägt zur Entängstigung und zum Aufbau einer vertrauensvollen therapeutischen Beziehung bei – sowieso Basis aller psychotherapeutischen Tätigkeit.

Die Kontrolle bezieht sich dabei auf die Maßgabe, einen musikalischen oder außermusikalischen therapeutischen Prozess, der sich an einer bestimmten Stelle destruktiv anfühlt, zu unterbrechen, gemäß der TZI-Regel, dass Störungen Vorrang haben. Kontrolle über das Erleben in der Improvisation behalten zu wollen, wäre für den Erfolg der Musiktherapie kontraproduktiv. Musik wirkt gerade dann, wenn wir uns ihr in gewisser Weise überlassen.
Dies stellt eine Gratwanderung dar. Um diese zu bewerkstelligen, haben wir 11 hilfreiche Regeln formuliert, die quasi als „doppeltes Netz" dienen können.
Es geht dabei um die Schaffung eines klaren Rahmens und klarer Vereinbarungen, die es dem Patienten ermöglichen, sich sicher durch die Improvisation zu manövrieren. Wir haben diese Regeln auf dem Poster untergebracht.

2.1. Methodik zur Erstellung des Posters

Fragen, die uns bei der Entstehung des Posters geleitet haben, waren zum einen, was uns wichtig an unserer Arbeit ist, zum anderen, wie wir die Vielfalt in unserer Gruppe ordnen, sortieren und den Erfahrungsschatz sinnvoll nutzen können.

In der Auswahl der Methoden sind wir von denjenigen ausgegangen, mit denen wir in unserer jeweiligen Praxis arbeiten. Hier tauchten zunächst 20 unterschiedliche, sowohl aktive wie rezeptive Verfahren auf, die wir auf jetzt 12 stutzten:
- Freie Improvisation
- Thematische Improvisation
- Strukturierte Improvisation
- Musikalische Rollenspiele
- Musikalische Geschichten
- Lieder, Texte schreiben und vertonen
- Trommeln
- Singen von Liedern
- Bewegen/Malen/Schreiben/Erzählen zu Musik
- Entspannung zu Musik
- Imagination zu Musik (G.I.M. und adaptierte Formen)
- Hören von mitgebrachter Musik

Für jedes dieser Verfahren wurde dann ein großer Karton vorbereitet, um in einer zweiten Arbeitsphase über zwei Abende, geleitet von einer empathischen Haltung traumatisierten Menschen gegenüber, darüber zu brainstormen, was uns zu dem jeweiligen Verfahren einfällt.
Daraus entstand eine bunte, überaus reiche Sammlung mit ganz unterschiedlichen Einfällen, die zum Teil ganz spontan und emotional ausfielen, andere problematisierten bestimmte Aspekte, machten auf zu bedenkende Gefahren aufmerksam und wieder andere betonten die gewünschte Wirkung.

Daher bestand der nächste Schritt dann darin, dieses Sammelsurium zu sortieren und zu strukturieren. Wir erachteten es als sinnvoll, ein Verfahren
a) kurz zu beschreiben,
b) besondere Aspekte hinsichtlich des Verfahrens und
c) die gewünschte Wirkung hervorzuheben und
d) zu beschreiben, was angesichts des Klientels. besonders zu beachten ist.

Die beschriebenen Verfahren eignen sich insbesondere in der Stabilisierungsphase. Wo wir finden, dass sie auch in späteren Phasen eingesetzt werden können, haben wir dies benannt.

Als allgemeine musiktherapeutische Ziele sehen wir
- Stabilisierung – Selbstkontrolle und (Rück-)Erlangung von Handlungskompetenz
- Erzeugung von positiven Gegenbildern
- die Stärkung der Selbstschutzmechanismen mit der Fähigkeit zur Grenzsetzung
- die Vertrauensbildung über das Aufnehmen musikalischer Beziehungsangebote
- den künstlerischen Ausdruck als Salutogenese.

Die Ergebnisse sind auf der Posterwand dokumentiert. Sie entsprechen zunächst den praktischen Erfahrungen derer, die mit diesem Verfahren arbeiten und erheben keineswegs Anspruch auf Vollständigkeit. Selbstverständlich wendet nicht jeder jedes an, sondern jeder hat seine Lieblingsverfahren. So entstanden immer wieder kontroverse Diskussionen über die Sinnhaftigkeit eines bestimmten Verfahrens. So eignen sich die meisten freien oder leicht gebundenen improvisatorischen Konzepte mit Sicherheit nicht für Trauma-Betroffene mit schweren dissoziativen Störungen. Hier darf insbesondere nicht der Widerstand und die Abwehr der Patientin übergangen werden, da wir sofort Retraumatisierungen bewirken und in eine Täter-Übertragung geraten würden (Ein „Ich will das nicht!" zu brechen ist u.U. ein Trigger!).

3. Fazit

Die Beschäftigung mit dieser Arbeit haben wir insgesamt als sehr bereichernd erlebt. Das Wissen um die intrapsychische Dynamik traumatisierter Menschen einerseits, die Vielfalt musiktherapeutischer Interventionen andererseits verschaffen Sicherheit und Gelassenheit. Es ist wichtig, Verunsicherungen und Ängste als Gegenübertragungsreaktionen zu verstehen, sie aufzufangen und zu containen. Wichtig ist unserer Auffassung nach, auftretende Flashbacks, Intrusionen oder andere traumatypische Symptome zu erkennen und damit einen guten Umgang einzu-

üben, nicht per se, sie zu verhindern. Der Spielraum „Improvisation" ist ein guter Übungsraum, um ein Verständnis für intrapsychische Vorgänge zu entwickeln und Ich-Funktionen als Stressregulatoren zu stärken. Vielleicht kann der Trauma-Betroffene in diesem Spielraum Erfahrungen freien und befreiten Lebens gewinnen, um an der ein oder anderen Stelle die in der traumatischen Situation entstandenen Verengungen etwas zu weiten.

Anhang

11 Hilfreiche Regeln

(... für Improvisationen im Sinne eines „gemeinsamen Werkes" für PTBS-Patienten)

1) homogene Gruppe, max. 6 Pat.
2) zeitliche Begrenzung des Werkes (z.B. „gefühlte 5 Minuten", „nach ca. 5 Minutennachspüren, wie es sich anfühlt", o.ä.
3) Interventionstechniken: STOP-Regel (rechtzeitig anwenden, bevor Grenzen in Gefahr geraten; in Latenzphase eines Werkes ohne Not ausprobieren); Erlaubnis, hinaus zu gehen (möglichst wiederkommen, sonst auf Station melden)
4) Mit dem Patienten deutlich die Werkorientierung („Gemeinsames Werk") besprechen, **keine** dissoziative Entfernung vom Werk
5) Sich als Therapeut explizit zur musikalischen Beziehung zur Verfügung stellen („Nehmen Sie mit mir Kontakt auf. Ich helfe Ihnen"). Musikalische Präsenz als Therapeut, metrisch-tonale Deutlichkeit. Musikalisches *framen, containing* und *holding*
6) Dennoch mit dissoziativen Entfernungen vom Werk rechnen, ggf. Impro unterbrechen
7) *Stopp* bei Flashbacks („Nehmen Sie Kontakt mit mir auf!" Distanzierungstechniken)
8) Affektregulation: keine Sforzatos (Gong-Verbot o.ä.)
9) Affektregulation: durch musiktherapeutische Intervention: plötzliche, aus dem musikalischen Kontext nicht zu erwartende dynamische Spitzen quasi kommen hören und sehen und durch Gestaltung eines Übergangs abfangen
10) In der Nachbesprechung am Werk orientiert bleiben, keine Schilderungen traumatischen Materials
11) Gelungene Werke als musikgeleitete Imagination zu einer Kraft-, emotionalen oder sozialen Ressource oder zum inneren sicheren Ort nutzen und seelisch installieren. Aufnahme bewahren

Musiktherapeutische Verfahren

a) improvisatorische Konzeptionen:

Strukturierte Improvisation

Kurzbeschreibung
Eine durch Therapeuten oder Klienten vorgeschlagene Struktur gibt der Improvisation einen Rahmen. Die Struktur kann Form und Ablauf der Improvisation meinen (z.B. A-B-A-Form), kann aber auch z.B. die Begrenzung oder Erweiterung des Tonraums oder der Dynamik betreffen, rhythmischer Natur sein oder die Wahl der Instrumente zum Thema machen.

Besondere Aspekte
- Strukturen engen ein, geben aber auch viel Halt, Sicherheit und Orientierung, was bes. am Anfang einer Therapie wichtig sein kann
- Patienten können selber Strukturen entwickeln und vorschlagen, machen dabei u.U. das Ausmaß ihres Sicherheitsbedürfnisses, aber auch ihres Ausdruckswillens deutlich.

Wirkung
- Die äußere Struktur ermöglicht eine innere Distanzierung zum Gespielten und Erlebten
- Strukturierte Improvisationen können Übungscharakter haben und alternatives Handeln erproben. Dadurch werden Ressourcen gezielt und dosiert entwickelt und ausgebaut.
- Die Affektabfuhr und -regulation wird durch die Struktur erleichtert, weil sie Anfang und Ende hat

Besonders beachten
- Strukturen müssen sich mit den Klientinnen weiterentwickeln und dürfen nicht einengen oder die Heilung aufhalten.
- Strukturierte Improvisationen verführen schnell dazu, im Nachgespräch mit „Richtig“ oder „Falsch“ bewertet zu werden.
- Nicht eingehaltene Strukturen auf ihre Sinnhaftigkeit überprüfen und evtl. erweitern, verändern oder ganz auflösen.

Thematische Improvisation

Kurzbeschreibung
Stimmungsbilder wie z.B. Landschaften, Wetter, Jahreszeiten, Orte werden vom Patienten verbal ausgeschmückt und anschließend musikalisch improvisiert.

Besondere Aspekte

- Das vorher abgesprochene Bild bietet Sicherheit und Kontrolle
- Der Therapeut gibt durch das Thema einen Rahmen vor, der Halt und Orientierung bietet. Innerhalb dieses Rahmens können die Patienten individuell ihre persönlichen Bilder ausschmücken
- Patienten können darauf achten, dass die Musik zu ihrem Bild passt und sich nicht davon entfernt und können so die Kontrolle über das Geschehen behalten

Wirkung

- Positive Bilder werden durch die musikalische Umsetzung verstärkt und tiefer verankert
- Stimmungen und Gefühle können in geschütztem Rahmen symbolisiert ausgedrückt werden
- Die Patienten können durch die musikalische, aktive Umsetzung einer Fantasie handlungsfähiger werden

Besonders beachten

- Fokus auf positive Bilder („Wohlfühlbilder") lenken
- Je konkreter die Bilder vor der musikalischen Improvisation abgesprochen sind, desto genauer wird die Passung zwischen Bild und Musik und desto sicherer der Rahmen
- Patienten spielen ihre eigenen, persönlichen Bilder und nicht von anderen vorgegebene Bilder
- Themen wählen, die eine Projektionsfläche bieten

Freie Improvisation

Kurzbeschreibung

Die Gruppe/der Patient beginnt ohne Vorabsprachen die Improvisation. Dabei kann alles gespielt werden, was nach Ausdruck drängt. Der Therapeut spielt mit. Dabei entsteht ein musikalischer Prozess mit Wechselwirkungen zwischen Innen und Außen und zwischen den Gruppenteilnehmern.

Besondere Aspekte

- Innere Bewegungen und Gefühle, sowie Geräusche und Klängen im Außen bieten Orientierung und Spielimpulse
- Die therapeutische Begleitung muss Orientierung, Halt und Schutz bieten.
- Ein vorher besprochener Wahrnehmungsfokus (z.B. „innerer Beobachter") kann hilfreich sein
- Das innere Erleben und die entstehenden Interaktionsmuster werden abgebildet und musikalisch zum Ausdruck gebracht. Gleichzeitig wirkt das zum Ausdruck gebrachte wieder zurück auf das Erleben und die Interaktion
- Wechselwirkung zwischen freiem musikalischem Ausdruck und Eindruck

Wirkung
- Patient kann verschüttete Gefühle und kreative Ressourcen entdecken und entfalten
- Selbstobjekt, Ich-Funktionen und soziale Kompetenzen können gestärkt werden
- Patient kann Vertrauen in die eigene Emotionalität gewinnen, diese neu bewerten
- Integration abgespaltener Gefühle wird möglich
- Patient kann im Ausdruck die eigenen Affekte regulieren
- Das Kontakterlebnis in der Improvisation kann negative Selbstbilder umdeuten
- Erfahrungen von Selbstwirksamkeit stärken das Selbstbewusstsein

Besonders beachten
- Kontrolle, Sicherheit und Schutz gewährleisten durch rechtzeitiges Betätigen einer besprochenen „Notbremse", wenn Angst, Übererregungszustände, Dissoziationen o. ä. auftreten
- zeitliche Begrenzungen
- Vertrautheit mit der therapeutischen Situation (Raum, Instrumentarium, Mitpatienten, Therapeut)
- musikalische Präsenz und Kontinuität des Musiktherapeuten;
- musikalisches „doppeltes Netz" herstellen, das unerwartete musikalische Entwicklungen vorherhört und dynamisch vorbereitet (siehe „11 Hinweise")

Musikalische Rollenspiele

Kurzbeschreibung
Eine konflikthafte Szene wird durch den Patienten beschrieben, die darin vorkommenden Rollen werden durch den Patienten verteilt oder von dem Therapeuten übernommen (je nach Anzahl der Rollen). Zu den verschiedenen Rollen werden durch die Spieler oder den Patienten Instrumente ausgesucht, und die Rollen werden musikalisch dargestellt. Die Rollen können getauscht werden. Hinterher Feedback durch alle Anwesenden.

Besondere Aspekte
- Fokussierung auf konflikthafte Situationen
- Ermöglicht spielerische Erprobung neuer Verhaltensweisen und direkte Resonanz durch das Gegenüber
- Starker Übungscharakter, realitätsbezogen

Wirkung
- kann distanzierte und humorvolle Reflektion des eigenen Verhaltens und der eigenen Situation ermöglichen

- Eruierung der Ressourcen und Stabilisierung der daraus resultierenden alternativen Verhaltensmöglichkeiten

Besonders beachten
- Voraussetzungen sind Belastbarkeit, Reflektions- und Introspektionsfähigkeit des Patienten
- Dafür sorgen, dass Patienten nicht in der übernommenen Rolle verhaftet bleiben
- Schamgrenzen der Patienten beachten

Musikalische Geschichten

Kurzbeschreibung
Zu einem bestimmten Thema/Konflikt wird eine Geschichte erfunden oder eine bekannte Geschichte/Märchen genommen. Die Geschichte oder Schlüsselszenen daraus werden in ihren verschiedenen Rollen von den Patienten musikalisch dargestellt. Die Geschichte kann im Verlauf nach vorheriger Absprache verändert werden, um verschiedene Entwicklungen/Lösungen zu ermöglichen.

Besondere Aspekte
- Unterschiedliche dramatische Verläufe eröffnen den Blick für verschiedene Erlebnisinhalte, Blickweisen, Lebensperspektiven
- Eigene Anteile an verschiedenen Rollen innerhalb der Geschichte werden spürbar und erlebbar
- Eigenes Erleben wird durch die Geschichte in eine dramatische Form mit Anfang, Höhepunkt und Ende gegossen

Wirkung
- kann Phantasien und Copingstrategien fördern
- Kann Distanz zum Geschehen schaffen
- Abgespaltene Anteile werden ausgedrückt und der Integration zugänglicher gemacht
- Verschiedene Lösungsansätze für einen Konflikt können auftauchen

Besonders beachten
- Setzt Reflektions- und Introspektionsfähigkeit voraus
- Darauf achten, dass der Ausdruck der verschiedenen Rollen nicht die Grenzen anderer überschreitet
- Dafür sorgen, dass Patienten nicht in der übernommenen Rolle verhaftet bleiben

b) formgebundene Konzepte:

Trommeln

Kurzbeschreibung
In einer Kreisformation spielen Patientengruppe und Therapeut auf möglichst gleichberechtigten Trommeln. Eventuell dienen kleine Percussion wie Shaker, Cowbells o.ä. für klangliche Erweiterungen. Spielformen reichen von metrisch-rhythmisch klaren Vorgaben über freies und gebundenes Improvisieren bis zu inter-aktionellen Formen wie Frage-Antwort-/Tutti-Solo-Spiele und andere

Besondere Aspekte
- Trommeln sprechen leicht an, sind leicht zu handhaben
- Instrumentell sehr homogen, in rhythmisch strukturierten Improvisationen viel Sicherheit, Schutz und Halt

Wirkung
- Trommeln nehmen viel auf (containing), gut zur Aggressionsabfuhr
- Trommeln fördert Körperlichkeit/Körperwahrnehmung
- Fördert Kohäsion, macht Spaß
- Spannungsabbau, Abbau innerer Unruhe
- Eigene Kraft kann positiv erlebt werden

Besonders beachten
- Trommeln werden häufig mit Gewalt, Schlägen und angstauslösenden Aggressionen assoziiert
- Patienten können mit abgewehrten Täter-Introjekten abgewehrt in Kontakt kommen.
- Schneller Gleichschlag kann Dissoziationen und Flashbacks auslösen

Lieder, Texte schreiben und vertonen (Vokal, Instrumental)

Kurzbeschreibung
Neu- oder Umdichtung und Vertonung eines Textes oder Liedes

Besondere Aspekte
- Poesie als Übergang/Möglichkeit zwischen Sprache und Musik
- Entstehung eines bleibenden reproduzierbaren Werkes
- Sehr sicher durch Form und klare Struktur

Wirkung
- Vertonung betont und verändert
- Ausdruck von Gefühlen in vertrauter Form

- Verarbeitung von biographischem Material
- Unterstützung von Symbolisierungsvermögen

Besonders beachten
- Erfolgsdruck vermeiden

Singen von Liedern

Kurzbeschreibung
- Lieder werden gemeinsam oder durch Patienten oder Therapeuten ausgesucht
- Patient oder Gruppe singt, Therapeut begleitet instrumental und/oder singt mit
- Frei improvisierte Lieder

Besondere Aspekte
- Durch Patienten ausgewählte Lieder können wichtige Lebensthemen deutlich machen und anamnestisch bedeutsam sein
- Der Ausdruck der Stimme ist körperlich und damit sehr unmittelbar. Lieder bieten einen sicheren Rahmen zum Ausdruck von Gefühlen, Sehnsüchten und Stimmungen

Wirkung
- Oft sehr direkter Ausdruck innerer Befindlichkeit
- Körperwahrnehmung wird gefördert
- Die Begleitung des Therapeuten kann – stärker als im Instrumentalspiel – das Gefühl von Halt, Geborgenheit und Angenommensein vermitteln
- Singen kann Ängste lösen und Vertrauen zum Therapeuten bilden
- Singen in der Gruppe fördert das Gemeinschaftsgefühl

Besonders beachten
- Die therapeutische Situation in der Einzeltherapie wird durch das Singen sehr intim
- Die Schamgrenzen des/der Patienten müssen gut eruiert werden. Schlechte Erfahrungen aus der Kindheit (besonders Schule) durch v.a. abwertende Bemerkungen könnten wiederbelebt werden
- Jede Arbeit mit der Stimme ist Körperarbeit, kann also Angst und Flashbacks auslösen!

Bewegen / Malen / Schreiben / Erzählen zu Musik

Kurzbeschreibung
Während Musik abgespielt wird, schreiben, malen oder erzählen die Patienten ihre Assoziationen dazu oder bewegen sich zur Musik

Besondere Aspekte
- Verschiedene Bewusstheits- und Gefühlsebenen möglich, z. B. mehr Distanzierung und Konkretisierung beim Schreiben als beim Bewegen oder Malen

Wirkung
- erweitert Ausdrucks- und Verarbeitungsmöglichkeiten
- wirkt mehrperspektivisch – eröffnet verschiedene Blickwinkel (Ressource)
- eröffnet verschiedene Symbolisierungsmöglichkeiten
- Stabilisierung und Stärkung der Selbstschutzmechanismen durch Distanzierungsmöglichkeit und durch die Förderung des Bewusstheitsprozesses
- Erzeugung positiver Gegenbilder als Ressource

Besonders beachten
- Musikauswahl auf jeweilige Patienten individuell abstimmen.
- Schamgrenzen, besonders beim Bewegen

c) rezeptive Konzeptionen:

Entspannung zu Musik

Kurzbeschreibung
Musik, die Patienten als entspannend erleben, wird angehört.

Besondere Aspekte
- Entspannung ist wichtiges Therapieziel bei PTBS
- Eine gemeinsam gefundene, in der Gruppe intensiv erlebte Entspannungsmusik kann von Patienten als Ressource außerhalb der Therapie eingesetzt werden.
- Als Anfangs- bzw. Schlussritual verwendbar
- Zur Bewusstwerdung der momentanen Stimmungslage

Wirkung
- Musik zur Entspannung bietet einen äußeren Anker und strukturiert den Entspannungsprozess.

Besonders beachten
- Evtl. zuerst mit offenen Augen
- Stop-Signal vereinbaren
- Passives Hören kann Opferrolle forcieren. Wenn der Therapeut für den Patienten spielt, besteht die Möglichkeit der Einteilung in Täter/Opferrolle durch Übertragung und Gegenübertragung
- Vermeidung von zu starker Regression
- Musik sollte gewechselt werden, wenn sie für den Patienten nicht mehr passt
- Kontrolle für den Patienten wichtig

- Entspannung grundsätzlich wichtig, aber auch gefährlich durch mögliche Überflutung

Mitgebrachte Musik

Kurzbeschreibung
Patient bringt eigene persönlich bedeutsame Musik mit, die die Gruppe gemeinsam hört. Hinterher teilen die Gruppenteilnehmer ihr Erleben mit.

Besondere Aspekte
- Hilfreich insbesondere am Beginn einer Therapie, um einen Pat. kennen zu lernen, sein Lebensgefühl, seine Ressourcen, Träume usw.
- Bietet sicheren und strukturierten Rahmen
- Gibt Einblick in die Lebenswelt des Pat. (Text, Stimmung, Genre, Funktion ...)
- Die Patienten zeigen sich in der Gruppe mit etwas persönlichem und bekommen Feedback

Wirkung
- Die Bedeutung der mitgebrachten Musik kann durch das Hören in der Therapie vertieft werden.
- Erlernen eines bewussteren Umgangs mit Musik.
- Erleben von Angenommen-Werden

Besonders beachten
- In der Gruppensituation sollte der Therapeut die Musik kennen, bzw. die Wirkung einschätzen können (bei unbekannter Musik die Information des Patienten einholen)
- Die gehörte Musik sollte nicht bewertet werden, stattdessen Anerkennung der Vielfalt von Erleben.

Imagination zu Musik (G.I.M.* und Adaptionen)

Kurzbeschreibung
Rezeptive Form der Musiktherapie, in der zu gezielt ausgewählter Musik und einem von Patient und Therapeut gemeinsam entwickelten Fokus (z.B. sicherer innerer Ort, Schutz, Weg, Kraft) innere Bilder entstehen. Anschließend wird das Erlebte individuell reflektiert, ins Bild oder Text gebracht und individuell reflektiert.

Besondere Aspekte
- In allen Phasen der Therapie einsetzbar
- Musik und Imagination sind neben dem Therapeuten und Patienten mögliche Projektionsflächen für Übertragung und Gegenübertragung

- Über Auswahl der Musik durch den Therapeuten findet Fokussierung und Begrenzung statt
- Kontakt zu sich selbst im Vordergrund

Wirkung
- Verbindet Gefühle, Gedanken, Körperempfindungen mit inneren Bildern
- Innere Bilder als konkreter und/oder symbolischer Ausdruck
- Bringt Ästhetik in die Therapie
- Innere Bilder können Konfliktlösung aufzeigen

Besonders beachten
- Setzt genaue Kenntnis der Musik voraus
- Wirkung von Musik ist eng verknüpft mit der gegenwärtigen Verfassung des Pat. und dessen subjektiven Assoziationen
- Ebenen der Tiefenwirkung sind nicht immer steuerbar. Umgang mit unerwünschten Nebenwirkungen vorbespre-chen

* G.I.M. ist als eigenständige Methode ausbildungsverpflichtend

Setting

Einzel-/Gruppentherapie

Abhängig von
- Ausbildung, Erfahrung, Vorlieben, Belastbarkeit etc. des Therapeuten*
- Konzept der therapeutischen Einrichtung

Einzeltherapie
- für Patienten* mit starken Hemmungen und großer Selbstunsicherheit
- oft am Anfang einer Therapie indiziert
- bei erhöhter Gefahr von Flashbacks durch Anwesenheit und Aktionen anderer

Gruppentherapie
- kann einen Schutzraum bieten
- (Mit-)teilen von erlebtem Leiden
- Mitpatienten als Vorbilder und „Mutmacher“
- Möglichkeiten von musikalischer und anderer Resonanz
- Möglichkeiten von Erfahrungen in Beziehungen, Hinterfragen von Opfer-Täter-Konstellationen

Wechsel zwischen Einzel- und Gruppentherapie/
von Einzel- zu Gruppentherapie

- bietet für den Therapeuten mehr Möglichkeiten, auf Patienten individuell einzugehen
- In der Einzeltherapie kann in der Gruppentherapie Erlebtes vertieft werden oder umgekehrt
- Die verschiedenen Stadien der Traumaarbeit können differenzierter angegangen werden

Therapieziele

- Stabilisierung – Selbstkontrolle, Handlungskompetenz
- Erzeugung positiver Gegenbilder – Ressourcenbildung
- Stärkung der Selbstschutzmechanismen – Fähigkeit zur Grenzsetzung
- Vertrauensbildung – Aufnehmen musikalischer Beziehungsangebote
- Künstlerischer Ausdruck als Salutogenese

* Aus Gründen der besseren Lesbarkeit haben wir die männliche Form gewählt. Gemeint sind selbstverständlich sowohl die Männliche als auch die Weibliche.

Musiktherapie in der stationären Traumatherapie

Andreas Wölfl

In diesem Vortrag möchte ich Ihnen eine Übersicht über die unterschiedlichen Anforderungen an die Musiktherapie in der stationären Traumatherapie geben und auf einige mögliche dysfunktionale Aspekte verweisen. Dabei beziehe ich mich auf meine Erfahrungen als Musiktherapeut und Supervisor, ausgewählte Ergebnisse der Traumaforschung, sowie kollegiale Gespräche und eine e-mail-Umfrage unter Mitgliedern des Berufsverbands für Musiktherapeutinnen und Musiktherapeuten in Deutschland (BVM) zum Thema. Allen Beteiligten möchte ich an dieser Stelle für Ihre tatkräftige Unterstützung danken.

Das Thema werde ich entlang folgender Leitfragen erörtern:

- Wie ist die aktuelle Situation in der klinischen Praxis?
- Welche spezifischen Möglichkeiten und Gefahren bietet die MT im stationären Behandlungskanon
- Welche strukturellen und kollegialen Faktoren sollten beachtet werden?

Die aktuelle Situation in der klinischen Praxis

Vorangestellt seien einige Ergebnisse der e-mail Umfrage unter den Mitgliedern des Berufsverbands Musiktherapie. Bei der Umfrage wurden 184 Fragebögen verschickt. Mit 40 Antworten ist die Aussagekraft begrenzt. Trotzdem wird eine Tendenz ersichtlich. Eine detaillierte Auswertung der Fragebögen findet sich im Anhang.

Ergebnisse der Umfrage:

- 2/3 der Umfrageteilnehmer arbeiten mit traumatisierten Patienten, 75 % davon im stationären Rahmen
- Sie arbeiten überwiegend in psychiatrischen, psychotherapeutischen Kliniken, kinder- und jugendpsychiatrischen Kliniken, psychosomatischen Kliniken und Tagkliniken
- Die Patientenstruktur ist gemischt. Die Behandlungsdauer variiert zwischen 1–3 Tage und 26 Wochen
- Die Ursachen der psychotraumatischen Störungen sind unterschiedlich. Es überwiegen Gewalt, Missbrauch, Krieg, Unfall und andere lebensbedrohliche Situationen. Auch genannt werden Tod von Angehörigen, Trennungen, medizinische Traumata
- Der Musiktherapeut ist Teil eines Behandlungsteams und/oder stationsübergreifend tätig
- Seine therapeutischen Aufgaben sind Stabilisierung, Ressourcenaktivierung, Traumabearbeitung (häufig ohne explizite Traumaexposition)

- Seine Vorgehensweise ist aktiv oder variabel aktiv und rezeptiv im Einzel- und Gruppensetting
- Besonders häufig angewandte musiktherapeutische Behandlungsmethoden sind strukturierte und freie Improvisation, Entspannungs- und Imaginationsübungen, sowie das Singen. Außerdem werden musiktherapeutische Rollenspiele und die Verbindung mit Körperübungen mehrfach genannt.

Soweit kurz zusammengefasst die Umfrage. Daraus ergibt sich als aktueller Stand: Es gibt nicht die *„stationäre Traumatherapie"*
Vielmehr bestehen in den einzelnen Kliniken erhebliche Unterschiede in Bezug auf:

- Patientenstruktur und Diagnose der Patienten
- Zeitpunkt der stationären Behandlung im Erkrankungsverlauf
- Dauer der stationären Behandlung
- Behandlungsauftrag der Klinik

Die behandelten Krankheitsbilder sind nicht nur

- Posttraumatische Belastungsstörungen, mit den Kernsymptomen Intrusionen, Vermeidung/Erstarrung und Übererregung (Hyperarausel)
- dissoziative Störungen und
- komplexe Traumatische Belastungsstörung

sondern auch:

- Anpassungsstörung
- Angststörungen
- depressive Störungen
- somatoforme Störungen
- Persönlichkeitsstörungen mit Traumahintergrund

Traumata mit körperlichen und seelischen Folgen, wie Schädel-Hirn-Trauma, können im Rahmen dieses Referats nicht berücksichtigt werden.

Diese klinische Situation für die Behandlung von psychotraumatischen Störungen fordert von der Musiktherapie:

- Variabilität in den Behandlungsansätzen
- Konzeptuelle Passung in das Gesamtkonzept
- Akzeptanz der Möglichkeiten und Grenzen

Parallel zur Therapie ist es notwendig, eine differenzierte, individuelle Einschätzung (Diagnose) bezüglich Störungsbild und Ressourcen und Resilienzfaktoren (Brisch, Hellbrügge 2003) zu erheben. Insbesondere die Selbstschutz- und Affektregulationsfähigkeit gibt wichtige Hinweise für das therapeutische Vorgehen. Sie kann bei den einzelnen Patienten sehr unterschiedlich ausgeprägt sein. Schwer traumatisierte Patienten mit PTBS verfügen kaum über solche Fähigkeiten und

werden allgemein, im Gegensatz zu neurotischen Patienten als sehr dünnhäutig beschrieben.
Außerdem gilt es in der Arbeit mit den Patienten die Wirksamkeit der verschiedenen musiktherapeutischen Methoden und Techniken zu erfassen und in einem Behandlungskonzept zu integrieren.

Die zentralen Ziele für die Behandlung traumatisierter Patienten sind die Wiederherstellung von:

- Stabilität statt Übererregung, Unsicherheit und Angst
- Selbstkontrolle statt Ohnmacht und Kontrollverlust
- Affektregulation statt Intrusionen und Gefühlschaos
- Integrität statt Fragmentierung
- Beziehungsfähigkeit statt Rückzug, Isolation, Misstrauen
- Ausdrucksfähigkeit statt Sprachlosigkeit und Erstarrung

Aus dem Gesagten stellen sich folgende Fragen:
Welche spezifischen Möglichkeiten bietet die Musiktherapie im stationären Behandlungskanon? Und welche Gefahren müssen berücksichtigt werden?

Im Gespräch formulierte ein Kollege zur Frage nach den Möglichkeiten der Musiktherapie: „*Die spezifische Möglichkeit der Musiktherapie im stationären Behandlungskanon ist, die Erfahrung zu vermitteln, dass die Patienten nicht mehr hilflos ausgelieferte Opfer sind, dass sie handelnd und selbststeuernd gerade schwierige Aspekte wie Nähe oder Aggression, aber auch Leichtigkeit und Lebensfreude wieder leben und zulassen können. Die Musiktherapie bietet Raum für das Erleben der eigenen Kraft und Lebendigkeit, aber auch für die Erfahrung von Solidarität (Gruppe), Unterstützung und Gehalten werden.*“

Die Möglichkeiten der Musiktherapie in der Behandlung traumatisierter Patienten sind im aktiven Modus insbesondere der unbelastete neue Spielraum in der Improvisation, der ein weites Experimentierfeld eröffnet und Raum für Probehandlungen gibt. Das aktive Handeln in den Improvisationen ermöglicht eine Veränderung des Selbsterlebens, das Erleben von Urheberschaft mit der Möglichkeit der Steuerung und Regulierung, die zu einer Zunahme an Affekttoleranz führen kann. Außerdem ermöglicht der musiktherapeutische Spielraum den Patienten die Nähe-Distanz-Regulation im Kontakt. Gerade für Patienten mit manmade Traumatisierungen ist die Kontaktgestaltung oft schwierig. Musik kann für sie als Puffer dienen, sie ermöglicht Resonanzerfahrung und Berührtsein ohne Berührung.

Im rezeptiven Modus kann die Musiktherapie entspannend und beruhigend wirken und damit einen wertvollen Beitrag zur Beruhigung und Stabilisierung der Patienten leisten.

Darüber hinaus kann die Musiktherapie einen Zugang zu positiven Erlebniswelten im Innenraum eröffnen und die Steuerung von Phantasie und Imagination fördern. Durch die Unterstützung der Therapeuten kann Halt und Unterstützung im Kontakt erfahren werden.

Die Gefahren der Musiktherapie bei der Behandlung traumatisierter Patienten liegen vor allem darin, dass durch das Geschehen Retraumatisierungen angestoßen werden, aber auch darin, dass Patienten die Improvisation chaotisch empfinden (vergleichbar mit innerem Chaos) und keine Lösungen finden, mit dem musikalischen Chaos umzugehen, es zu ordnen oder durch Neubewertung anders zu empfinden. Im rezeptiven Bereich liegt eine zusätzliche Gefahr darin, dass sich die Patienten in der Musik verlieren oder Ohnmachtsgefühle auftauchen.

Aus der Traumaforschung wissen wir heute, dass auch sehr unspezifische Trigger zu Retraumatisierungsprozessen führen können. Auf neuropysiologischer Ebene führen solche Prozesse zu einer Verstärkung der pathologischen Abläufe und Bahnungen. Diese können zu umfassenden degenerativen Prozessen und zur Chronifizierung und Generalisierung der pathologischen Muster führen. (Brisch, Hellbrügge 2003, Hüther 2002, Hüther 2005, Reddemann 2001, Sachsse 1998, Sachsse et. al. 2004)
In der Musiktherapie können Klänge aller Art, aber auch Übertragungsprozesse und die Atmosphäre der musiktherapeutischen Situation insgesamt als Trigger wirken.

Musiktherapeutische Behandlungstechniken

Die Konsequenzen für die Arbeit mit schwer traumatisierten Patienten sind nahe liegend: Es sollten

- keine kathartisch-ausagierenden Übungen und
- keine emotional-evokativen Reinszenierungen

angewandt werden.
Vielmehr sollte ein moderates, strukturiertes Vorgehen die Patienten vor Retraumatisierungen schützen. Außerdem sollte ein Schwerpunkt im Ermöglichen positiver emotionaler Erlebnisse in Verknüpfung mit positiven Bewertungen (Selbsterleben, Kompetenzerleben, Kontakterleben) liegen.

- Schutz vor Retraumatisierungen
- Ermöglichen positiver emotionaler Erlebnisse
- Verknüpfung mit positiven Bewertungen

Diese drei Faktoren gelten in der neurophysiologischen Forschung (Hüther 2002) als wesentliche Voraussetzungen zur Stabilisierung, Verarbeitung und Neubewertung der Traumata und Traumafolgen, ebenso wie für die Entwicklung neuer hirnphysiologischer Verknüpfungen und Muster, als Gegengewicht zu den pathologischen Prozessen.

Hierzu das Zitat einer Kollegin: *„Mit Hilfe von Musik in Kontakt mit den eigenen Ressourcen zu kommen ist die wichtigste Voraussetzung, um das traumatische Erleben anschauen und integrieren zu können – oder, wenn das noch nicht möglich ist, ein gesundes Gegengewicht gegen die destruktiven Wirkmechanismen des Traumas aufbauen zu können."*

Beispiel: Eine 65-jährige Patientin mit Gewaltkindheit und zusätzlichem Kriegstrauma, entwickelte erst im Alter zunehmend PTBS-Symptome (äußerste Schreckhaftigkeit bei lauteren Geräuschen und starke Schmerzen). Mit ihrer Kindheit wollte sie sich nicht beschäftigen. In der Musiktherapie (nur Einzeln möglich) kam sie sehr schnell mit ihrer Musikalität in Kontakt, zunächst ängstlich auf das früher am Klavier Gelernte bedacht, später immer freier und kommunikativer in der Improvisation.
Angelehnt an die von ihrem Therapeuten angebotene Stabilisierungsimagination „Einen Baum umarmen", sagte sie: „Noch lieber als einen Baum würde ich das Klavier umarmen!"

Zur Strukturierung

In der aktiven Musiktherapie ist die Strukturierung abhängig von der Selbstschutz – und Regulationsfähigkeit des Patienten. Ist diese kaum gegeben, kann ein sehr strukturiertes Heranführen an die Spielräume der Improvisation mit aktiver Unterstützung des Musiktherapeuten notwendig sein.
Auf der Basis einer Grundsicherheit im Spiel und in der Beziehung können offenere Spielformen zur Ressourcenaktivierung und Förderung von Regulationsfähigkeit, dem kontrollierten Ausdruck von Gefühlen, sowie zur dosierten Auseinandersetzung mit belastenden Gefühlen/Bildern und zur kontrollierten Annäherung an Belastendes mit dem Ziel der Verarbeitung und Integration angeboten werden (Weiß 2005).

In der rezeptiven Musiktherapie erscheint vielen Kollegen, mit denen ich gesprochen habe eine

- klare Vorbesprechung zur Klärung der Selbststeuerungsmöglichkeiten
- eine dosierte Heranführung mit kurzen Einheiten und geleiteten Übungen und
- die Wiederholung der Übungen wichtig.

Ein wichtiger Aspekt im Zusammenhang mit dem strukturierten Vorgehen ist, wir können uns nicht darauf verlassen, dass traumatisierte Patienten wissen, was ihnen gut tut. Leider gibt es einige Patienten, die viel zu schnell sind, sich schnell übernehmen und beispielsweise Problembearbeitungssituationen einfordern, die ihnen dann zu viel werden. Diese Patienten müssen vor ihrem eigenen schnellen Tempo geschützt werden.

Zur Gruppenmusiktherapie

Die aktive Strukturierung der Gruppenmusiktherapie erfordert eine besondere Sorgfalt.
Gerade für stationäre Behandlungskonzepte ist dies sehr bedeutend, da in Kliniken die meisten musiktherapeutischen Behandlungen in Gruppen stattfinden.

Zur Veranschaulichung möchte ich Ihnen ein Experiment als Gruppenimprovisation vorschlagen. Es heißt: *Durcheinander – Miteinander.*
Bitte benützen sie alles was sie an Körperinstrumenten zur Verfügung haben um ein gewaltiges Durcheinander zu erzeugen, dann haben sie 2 Minuten Zeit, um aus diesem Durcheinander ein Miteinander werden zu lassen. Diejenigen, denen das Durcheinander zu viel wird, bitte ich, sich davor zu schützen, zum Beispiel indem sie nicht teilnehmen und die Ohren zuhalten.
(Das Experiment gelingt. Nach einem langen und lustvollen akustischen Durcheinander an dem sich nahezu alle 120 Zuhörer im Raum beteiligen formen sich in verschiedenen Untergruppen Rhythmen, die anfangs auftauchen und wieder im Klangchaos versinken bis sich ein rhythmischer Puls immer mehr festigt, dem sich nach und nach alle Musiker anschließen, sodass ein sehr lebendiges rhythmisches Zusammenspiel entsteht.)

- können sie sich vorstellen, dass das Chaos am Anfang traumtisierten Patienten zu viel werden kann? Und
- können sie sich vorstellen, dass die Patienten weder über die Kompetenzen verfügen, einen Weg aus diesem Chaos zu finden und dieses zu ordnen noch über die Widerstandskraft (Resilienz) das Chaos auszuhalten und abzuwarten was kommt?

Viele Patienten mit einem PTBS – Syndrom wären in dieser Improvisation überfordert gewesen. Deshalb empfiehlt es sich bei der aktiven Strukturierung der Gruppenmusiktherapie neben der Frage der Selbstregulationsfähigkeit des Patienten auch Regeln zum Schutz vor Retraumatisierungen anzusprechen. Außerdem kann in der Gruppe vorbereitend über Modulationen und Strukturen im gemeinsamen Spiel gesprochen werden, sodass die Atmosphäre eines konstruktiven Umgangs mit den verschiedenen Bedürfnissen und Grenzen entwickelt wird.
Darüber hinaus kann es sinnvoll sein, in Absprache mit den anderen Gruppentherapeuten ein differenziertes MT-Angebot mit strukturierten, ressourcenaktivierenden Gruppen und problembearbeitenden Gruppen anzubieten, sodass die Patienten in Therapiegruppen mit geeignetem Anforderungsniveau platziert werden können.

Eine therapeutisch effektive Variante zu diesem Thema ist das wechselseitige Vorspielen von Entspannungsmusik. Hier wird zum einen in der rezeptiven Position gesteuerte Entspannung und zum anderen in der aktiven Position das fürsorgliche

Spiel geübt – ein Ausdruck von Selbstwirksamkeit, Regulations- und Kooperationsfähigkeit.

Beispiel: Ein äußerst angespannter, ängstlicher Jugendlicher, traumatisiert durch wiederholte Mobbing-Erfahrungen, konnte sich in den geleiteten Klangerfahrungen sehr gut entspannen und erlebte in diesen Situationen die Gruppe weitgehend angstfrei, während er in Gesprächen und Improvisationen sehr angespannt und erregt blieb. In der Phantasie konnte er stabile positive Vorstellungen schaffen und war nicht gefährdet, in negative Gedanken abzugleiten. Seinen Wunsch nach Klangreisen fand in der Gruppe Zustimmung, wobei auch einige gerne selbst spielen wollten. Die Gruppe einigte sich auf das wechselseitige Vorspiel von Entspannungsmusik. Der Jugendliche erlebte in der rezeptiven Position die aktiven Gruppenteilnehmer nicht feindlich sondern aufmerksam zugewandt. In der aktiven Position gelang es ihm (im Bewusstsein dessen, was er selbst brauchen würde) sehr gut, Entspannungsmusik zu spielen. Nebenbei und verstärkt durch die positive Resonanz auf sein Spiel wurde er bei der Wiederholung der Übung in den folgenden Sitzungen ideenreicher, mutiger und insgesamt selbstsicherer.

So variiert die Aufgabe der Musiktherapie in der stationären Traumatherapie entsprechend der Situation des Patienten, des Behandlungsauftrags und des klinischen Gesamtkonzepts zwischen

- Stabilisierung
- Ressourcenaktivierung
- Traumabearbeitung und
- Trauer- und Integrationsprozessen

„Die Musik, die Klänge, aber auch die Instrumente selber bieten die Möglichkeit, das traumatische Geschehen (Material) in symbolisierter und somit in distanzierterer Form darzustellen. Durch die Distanzierung selber, aber auch durch das Prinzip der aktiven, freien Improvisation entsteht die Möglichkeit, nun handelnd einzugreifen. D. h. beim Spielen kann der Spieler/die Spielerin die eigene Position wechseln – von der Rolle des hilflos ausgelieferten Opfers in die Rolle der aktiv handelnden Person, die im musikalischen Handeln die Kontrolle im wahrsten Sinne des Wortes in der Hand bekommt und sogar Schutzmöglichkeiten herstellen kann.“ (Zitat einer Kollegin)

Beispiel: Eine im Krieg gegen die Serben geflohene junge Albanerin, die beim Verhör gefoltert und mehrfach vergewaltigt wurde und die unter starken PTBS-Symptomen wie Schlaflosigkeit, Albträumen, Konzentrationsstörungen und ihr unerklärlichen Aggressionsattacken litt, konnte in der Musiktherapie diesen ‚Folterkeller‘ mit Hilfe dumpfer und monotoner Gongschläge einerseits wiederaufleben lassen, aber dadurch, dass sie diesmal den Schlegel – und damit die Kontrolle – selber in der Hand hielt, war ihr das Szenario erträglich, mitteilbar und führte nicht zum Flashback. Später wiederholte sie diese Szene auch mit verschiedenen Trommeln. Im eigenen Feedback später (als sie die deutsche Sprache besser beherrschte) beschrieb sie diese Möglichkeit in der Musiktherapie als große Erleichterung. Ich selber gehe davon aus, dass meine Anwesenheit im Hintergrund (manchmal singend, manchmal einfach nur dabei) auch als zusätzlicher Schutzfaktor gewirkt hat.

Beispiel: In einer Einzelmusiktherapie thematisierte eine 17-jährige Patientin den Missbrauch durch ihren zwischenzeitlich verstorbenen Stiefbruder. Während sie in der Gesprächstherapie beim Stationsarzt die traumatischen Situationen bearbeitete, legte sie in der Musiktherapie wert darauf, ihre im Therapieverlauf neu gewonnene innere Kraft zu nutzen, um ihrem „Bruder" ihre Meinung zu sagen. Dabei spielte sie die Pauke, während er durch dumpfe Schläge auf den Gong (gespielt vom Therapeuten) symbolisiert wurde. Im Wechsel zur Musik sprach sie im Rollenspiel zu ihrem Bruder und konnte ihm erzählen, wie sehr er sie verletzt hat und dass er das heute nicht mehr könnte, weil sie viel stärker ist und sich wehren würde. Dieser Ausdruck von Kraft und Stärke wurde zentrales Klangbild. Die Patientin wünschte, dieses Rollenspiel insgesamt dreimal zu wiederholen. Beim dritten mal äußerte sie zusätzlich zu ihrer kraftvollen Abgrenzung im Hier und Jetzt ein spürbares Mitgefühl für seine Unbeholfenheit und Schwäche, auch im Bewusstsein seines zwischenzeitlichen Todes. Danach wollte sie das Thema nicht mehr aufgreifen und wandte sich mit Begeisterung dem Schlagzeugspiel und dem Singen von Rockliedern zu. In manchen Balladen fand sie Ausdruck und Trost für traurige Stimmungen doch in anderen Liedern und in Schlagzeugimprovisationen wurde ihre wieder gefundene Kraft und Lebensfreude sehr deutlich.

Die therapeutische Beziehung

Ein weiteres schwieriges Potential kann in der Gestaltung der therapeutischen Beziehung liegen. Für den Aufbau der therapeutischen Beziehung besteht im stationären Setting aufgrund der kurzen und mittelfristigen Aufenthaltsdauern nur begrenzte Zeit. Entscheidende Faktoren für eine positive Beziehung sind häufig:

- Der spontane Eindruck des Patienten von der musiktherapeutischen Situation
- Eine unterstützende Gesamtatmosphäre
- Eine positive Übertragung zum Musiktherapeuten
- Die persönliche Affinität des Patienten zur Musik

Vor dem Hintergrund der traumatischen Erfahrungen kann jedoch großes Misstrauen gegenüber Menschen bestehen. Oft reichen Kleinigkeiten, um das Misstrauen zu schüren und potentielle negative Übertragungen auszulösen.

In Gruppen können zu den anderen Teilnehmern multiple Übertragungskonstellationen entstehen, auch mit Projektionen von Täterintrojekten. Im musiktherapeutischen Geschehen kann es dann zu Reinszenierungen dieser negativen Übertragungsdynamiken und zum Agieren der Übertragung in der therapeutischen Beziehung kommen. Heftige Gegenübertragungsgefühle können ausgelöst und Retraumatisierungsprozesse angestoßen werden.

Deshalb ist es im Therapieprozess wichtig, solche negativen Übertragungsprozesse frühzeitig zu erkennen, zu unterbrechen und aufzulösen, indem man sie in die Selbstverantwortung des Patienten und seine Regulationsfähigkeit zurückgibt.
So kann man mit dem Patienten besprechen, welche alte Dynamik sich gerade aufgebaut hat und ihn auffordern, sich zu beruhigen (hier wenden manche psychotherapeutische Kollegen die Arbeit mit dem inneren Kind (Reddemann 2001, 2004) an, das beruhigt und getröstet werden muss).
Ist es dem Patienten nicht möglich, auf diese Intervention (therapeutische Ich-Spaltung) einzugehen, ist es wichtig, dem Patienten direkt in der Beziehung zu antworten, ihm deutlich zu machen, wie man selbst die Beziehung erlebt, ihn zu beruhigen und beispielsweise durch ein Spielangebot eine veränderte Beziehungsqualität anzubieten.
Manchmal ist auch das nicht möglich. Dann kann es notwendig sein, die Musiktherapie zu unterbrechen und die Situation zu einem späteren Zeitpunkt nachzubesprechen.

Im Bezug auf diese Thematik scheint eine aktivere Gestaltung der therapeutischen Beziehung sinnvoll und notwendig. Außer einer selbstverständlichen zugewandten, wertschätzenden, abgegrenzten und strukturierenden Grundhaltung nennen viele erfahrene Kollegen, die mit traumatisierten Patienten im stationären Setting arbeiten vor allem die therapeutische Effektivität von

- psychoedukativer Aufklärung über mögliche Dynamiken und
- prospektiver Erörterung von Steuerungsmöglichkeiten sowie den Verweis auf die
- Wahlmöglichkeiten für den Patienten und seine Selbstverantwortung.

Auch in diesem Zusammenhang ist ein abgestuftes musiktherapeutisches Angebot für die individuelle Platzierung der Patienten sehr wertvoll.

Einbindung in das Gesamtkonzept

Neben dieser Binnenregulation ist die strukturelle und konzeptionelle Einbindung in das Gesamtkonzept von großer Bedeutung. Aus meiner Sicht ist es vor allem in der Arbeit mit Patienten mit einem posttraumatischen Belastungssyndrom oder komplexen traumatischen Störungen von Vorteil, in der Klinik nicht allein zu arbeiten, sondern eine Institution und engagierte Kollegen im Rücken zu haben:

- Für die Patienten gibt die Struktur der Klinik Halt in ihrer schwierigen Situation. Außerdem haben sie mehrere Ansprechpartner und es gelingt ihnen oft bei negativen Übertragungskonstellationen zu anderen Kollegen die Beziehung aufrecht zu erhalten. Durch diese Wahlmöglichkeiten bleibt eine größere Selbstverantwortung bestehen.

- Den Therapeuten gibt die Einbindung in die Klinik eine Rahmenstruktur und die Gewissheit, schwierige Konstellationen nicht alleine lösen zu müssen. (Sehr wichtig bei negativen Übertragungen oder auch in suizidalen Krisen). Durch Reflexion, Klärung und Unterstützung des Teams können schwierige Dynamiken verstanden werden und die therapeutische Handlungsfähigkeit – beispielsweise durch die Verteilung der therapeutischen Aufgaben – erhalten bleiben.

Strukturelle und kollegiale Faktoren

Auf der Ebene von Struktur und kollegialer Interaktion sind

- Klarheit
- Begrenzung der Aufgabe
- Einbindung in das Behandlungsteam
- Verteilung der therapeutischen Aufgaben
- therapeutische Reflexion
- individuelle Behandlungskonzeption für den Patienten

→ zielführend für die Behandlung und
→ entlastend für die Therapeuten

Eine hierarchische und klar gegliederte Struktur in den Kliniken ordnet die Aufgaben- und Rollenverteilung. Sie gibt dem Therapeutenteam Halt und Orientierung und verhindert Verwirrung und Rollenkonfusion.

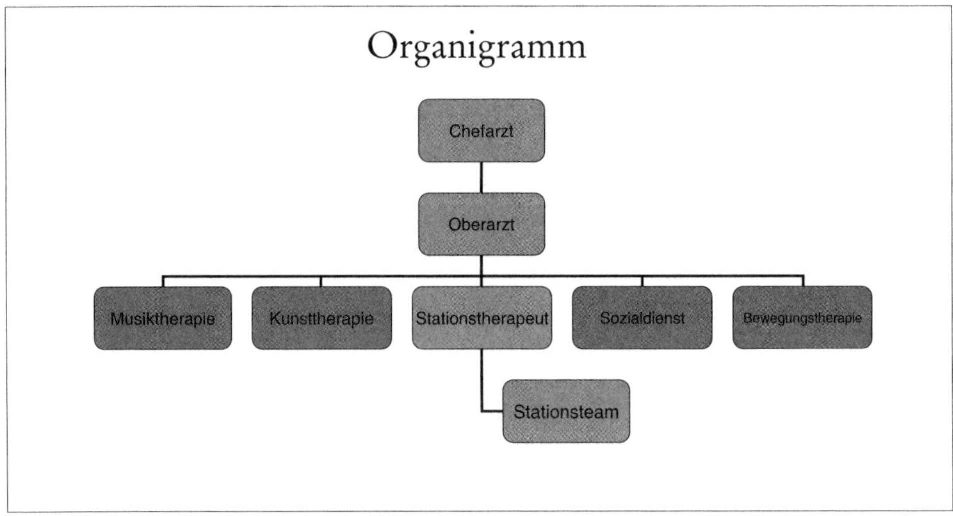

Abbildung 1

Für die Musiktherapeuten ist es wichtig, sich bewusst zu machen, dass sie in der Regel nicht in der hierarchischen Linie stehen, sondern als „Stabstelle“ andere Aufgaben im Behandlungsprozess haben, die ihnen auch andere Möglichkeiten eröffnen. Auch die Beziehungsdynamik mit den Patienten ist in der Regel anders als gegenüber dem behandlungsführenden Therapeuten. Es kann schneller zu einer eindeutigen Ablehnung kommen, weil weniger Abhängigkeiten bestehen – aber ebenso kann gerade das auch zu einem entlasteten und spannungsfreieren Kontakt führen.

Die kollegiale Zusammenarbeit ermöglicht die fachliche Planung und Abstimmung der Therapie, eine Verteilung der Behandlungsaufgaben in einem gemeinsamen Behandlungskonzept. Besprechungen, Visiten, Fallkonferenzen und Supervision gewährleisten Austausch und eine differenzierte Reflexion der Therapie. Gegenseitige Wertschätzung und Anerkennung im Team und der Respekt vor den verschiedenen Aufgaben im gemeinsamen Behandlungskanon ermöglichen Kooperation und Integration auf Teamebene. So trägt eine gute kollegiale Zusammenarbeit zur Optimierung der Behandlung und zur Psychohygiene in belastenden Situationen bei.

Treten in diesen Bereichen dysfunktionale Störungen auf, wie beispielsweise

- Strukturfehler,
- Unklare Stellenbeschreibung und Rollenattributionen,
- Fehlende Passung der Musiktherapie in das Klinikkonzept,
- Konkurrenz,
- Unzufriedenheit,
- narzisstische Empfindlichkeiten der Therapeuten,

wird sich das negativ auf die Behandlung auswirken.

In der Behandlung schwer traumatisierter Patienten können solche dysfunktionalen Faktoren zu starker Verunsicherung bei den Patienten führen und schwerwiegende Komplikationen in den Behandlungsverläufen verursachen.
Vor dem Hintergrund einer dissoziierten oder fragmentierten Psychodynamik, starkem Misstrauen gegenüber Beziehungen und der Tendenz zu Beziehungsabbrüchen, sowie der Heftigkeit und Schmerzhaftigkeit ihrer Gefühle kann die Station oder die gesamte Klinik zu einer Projektionsfläche werden und eine sehr virulente und belastende Übertragungsdynamik (Retter- und Abwehrpositionen, Idealisierung und Entwertung) im Team auslösen. Wird diese dann nicht patientenbezogen reflektiert sondern in Team und Institution agiert, kann das für die Behandlung unauflösbare negative Folgen haben, bis hin zu einer Destabilisierung des gesamten Systems.

Beispiel: Eine Kollegin wurde immer wieder von ihrem Vorgesetzten und Kollegen kritisiert und unter Druck gesetzt, da sie sich inhaltlich nicht an Absprachen hielt, vor allem ressourcenorientiert zu arbeiten und die Traumabearbeitung den behandlungsführenden Therapeuten zu überlassen.

Die Kollegin erlebte diese Kritik als Entwertung ihrer therapeutischen Fähigkeiten und als Ausagieren von Macht ihres männlichen Vorgesetzten. Außerdem hatte sie selbst große Kritik am therapeutischen Vorgehen der verhaltenstherapeutisch orientierten Kollegen.

In den Therapien unterstützte sie Patienten in ihrer Kritik am Behandlungskonzept und bestätigte sie in Ihrem Widerstand. Oft identifizierte sie sich mit den Patientinnen und vermittelte ihnen, dass sie diese gut verstehen könne. Manche Patientinnen erwiderten diese Gefühle, fühlten sich gut verstanden, idealisierten die Therapeutin und besprachen ihre Probleme vorzugsweise mit ihr.

Dadurch fühlte sich die Therapeutin trotz der Kritik in ihrem Tun bestätigt und sah keine Veranlassung, etwas zu verändern. Diese Behandlungen hatten oft einen schwierigen Verlauf. Patientinnen entwerteten ihre behandlungsführenden Therapeuten und verweigerten die Zusammenarbeit. Diese polarisierende Abwehr konnte nicht aufgelöst werden, sodass nur eine sehr stockende Kooperation mit vielen Vorbehalten und in manchen Fällen kein therapeutisches Arbeitsbündnis mehr zustande kam. Diese Therapien endeten teilweise vorzeitig mit einem Abbruch.

Die kollegiale Dynamik verhärtete sich zunehmend und änderte sich erst, als die Therapeutin wegen mangelnder Kooperation auf eine andere Station wechselte.

An diesem Beispiel kann gut veranschaulicht werden, wie mangelnde gegenseitige Wertschätzung und Missachtung der strukturellen Vorgaben zu dysfunktionalen Verläufen führen kann.

Änderung wäre auf beiden Seiten möglich gewesen:

Auf Seiten der Musiktherapeutin: Akzeptanz der Struktur und der Vorgehensweise der Kollegen.

Auf Seite der Vorgesetzten und Kollegen: fachliche Wertschätzung der Musiktherapeutin.

Unbedingt nötig für eine erfolgreiche Behandlung wäre die Reflexion, das Erkennen und die Auflösung der Idealisierungs- und Entwertungsdynamik gewesen.

Treten solche Dynamiken auf, so ist das Einhalten der Ebenen notwendig:

1. Ebene: Therapie
2. Ebene: Kollegiale Interaktion
3. Ebene: Konzeption
4. Ebene: Institutionelle Struktur

Auf jeder Ebene gilt es, den (wertschätzenden) Diskurs zu suchen, das Machbare zu klären, und das Ergebnis zu akzeptieren. Gelingt die Passung in das Gesamtkonzept und das Behandlungsteam, können die Wirkungspotentiale der Musiktherapie optimal für die Behandlung genutzt werden.

Fazit

Abschließend zusammengefasst ist die Aufgabe der Musiktherapie in der stationären Traumatherapie die Bereitstellung:

- Variabler Methoden für die Situation des Patienten und
- das Angebot einer unterstützenden therapeutischen Beziehung auf
- Basis einer klaren musiktherapeutischen Konzeption mit
- guter Passung in das klinische Gesamtkonzept/Team frei von
- überzogenen Ansprüchen/persönlichen Empfindlichkeiten im Wissen um
- das Leid der Patienten und
- ihrer berechtigten Hoffnungen, sowie
- die Dauer von Veränderungsprozessen und
- die Begrenzung der stationären Aufgabe im Behandlungsprozess.

Anhang

Die Umfrage

184 Fragebögen
40 Antworten
= 22,222 %

⇒ Tendenz

Arbeiten Sie als Musiktherapeut/in mit traumatisierten Patienten/innen?

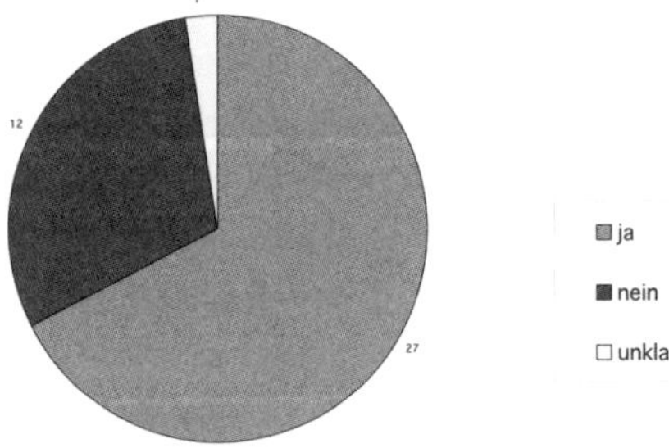

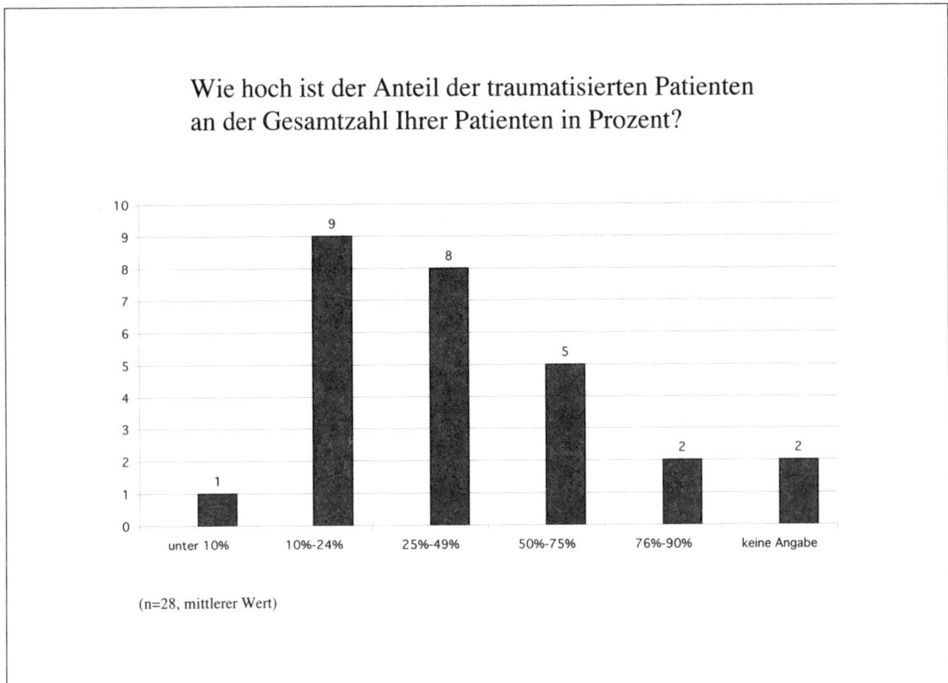
Wie hoch ist der Anteil der traumatisierten Patienten
an der Gesamtzahl Ihrer Patienten in Prozent?
10
9
8
7
6
5
4
3
2
1
0
1
9
8
5
2
2
unter 10%
10%-24%
25%-49%
50%-75%
76%-90%
keine Angabe
(n=28, mittlerer Wert)

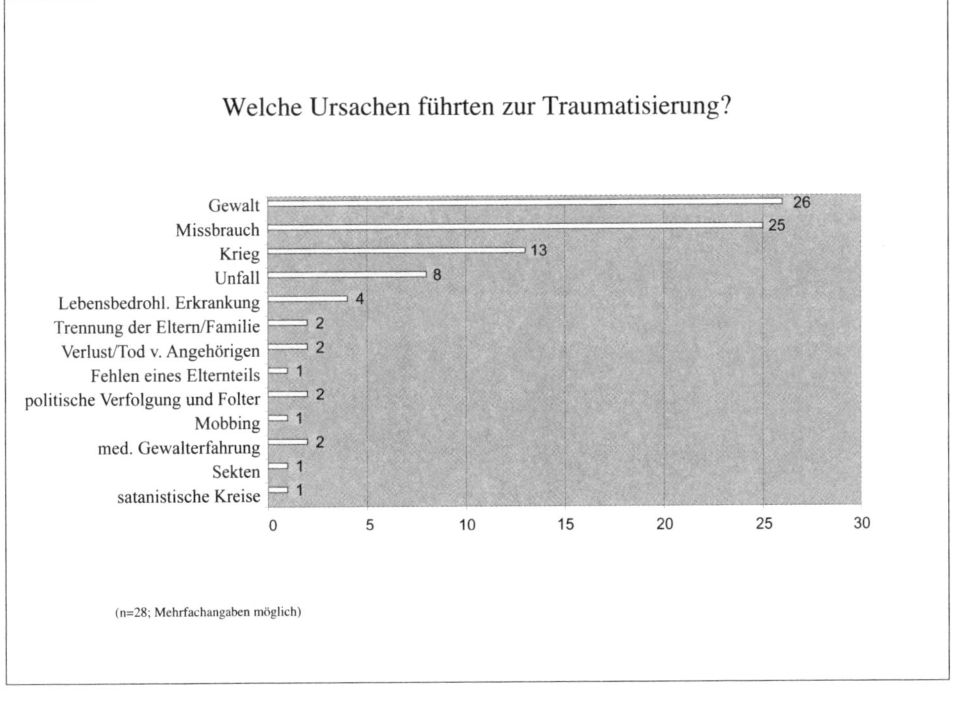
Welche Ursachen führten zur Traumatisierung?
Gewalt 26
Missbrauch 25
Krieg 13
Unfall 8
Lebensbedrohl. Erkrankung 4
Trennung der Eltern/Familie 2
Verlust/Tod v. Angehörigen 2
Fehlen eines Elternteils 1
politische Verfolgung und Folter 2
Mobbing 1
med. Gewalterfahrung 2
Sekten 1
satanistische Kreise 1
0
5
10
15
20
25
30
(n=28; Mehrfachangaben möglich)

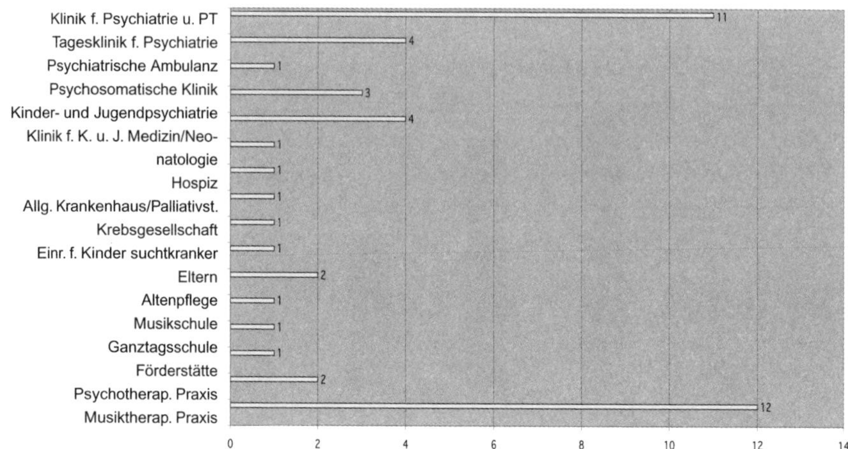

(n=28, viele Umfrageteilnehmer geben mehrere Institutionen an, 7 arbeiten ausschließlich in musik- oder psychotherapeutischer Praxis)

Welche Funktion/ Rolle haben Sie als Musiktherapeut/in in der stationären Behandlung?

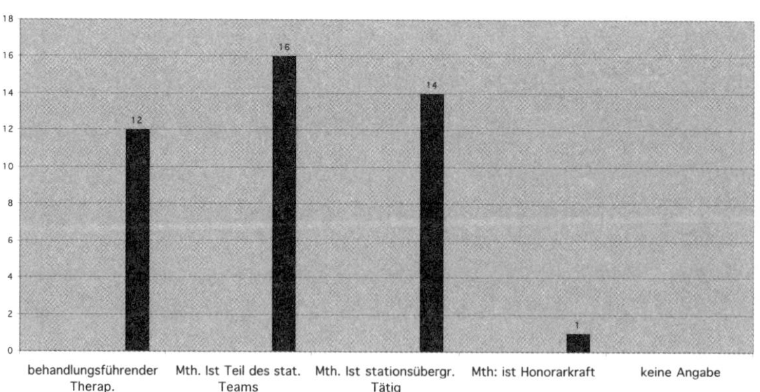

(n=28, Antwort wenig aussagekräftig, da bei den Mehrfachantworten einige vermutlich auch ihre Praxistätigkeit angaben)

Wie ist der zeitliche Rahmen der Behandlung?

Die Angaben divergieren von
1 Woche Krisenintervention und Akutstation bis zu
26 Wochen im stationären Bereich
abhängig vom institutionellen Behandlungsauftrag

Wie ist das musiktherapeutische Setting?

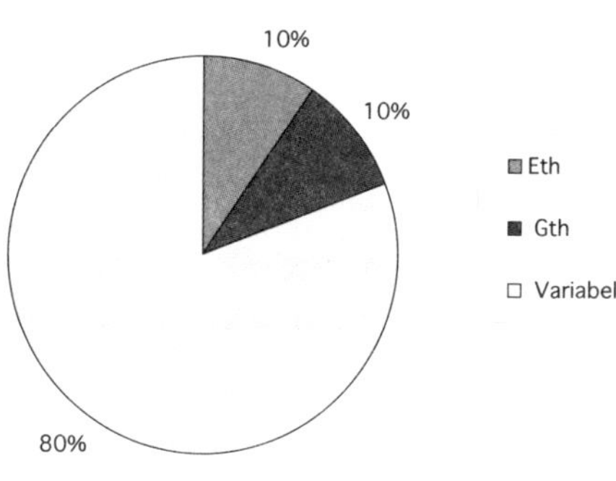

(n=21)

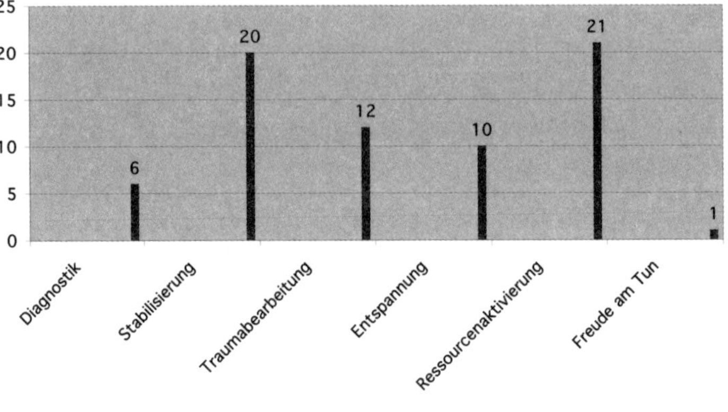
Wie ist die musiktherapeutische Aufgabenstellung im Gesamtkonzept?
25
20
15
10
5
0
6
20
12
10
21
1
Diagnostik
Stabilisierung
Traumabearbeitung
Entspannung
Ressourcenaktivierung
Freude am Tun
(n=21, Mehrfachantworten möglich)

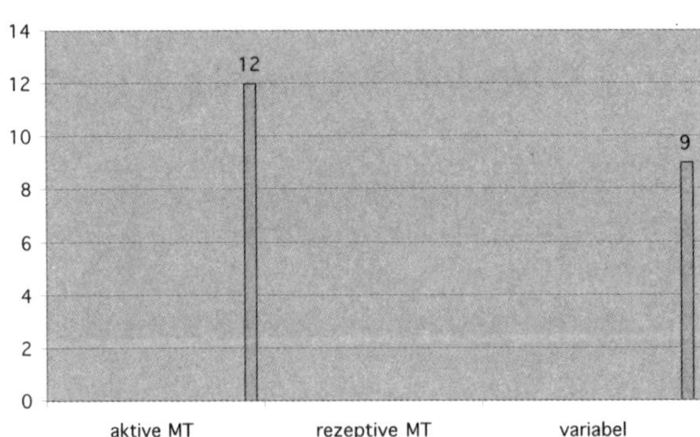
Wie ist Ihre überwiegende musiktherapeutische Vorgehensweise?
14
12
10
8
6
4
2
0
12
9
aktive MT
rezeptive MT
variabel
(n=21)

Welche musiktherapeutischen Methoden/ Techniken wenden Sie hauptsächlich in der Traumabehandlung an?

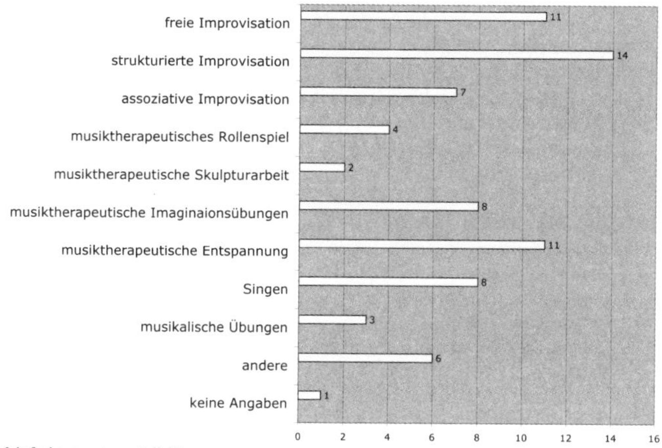

(n=21, Mehrfachantworten möglich)

Therapeutische Zielsetzung der stationären Behandlung

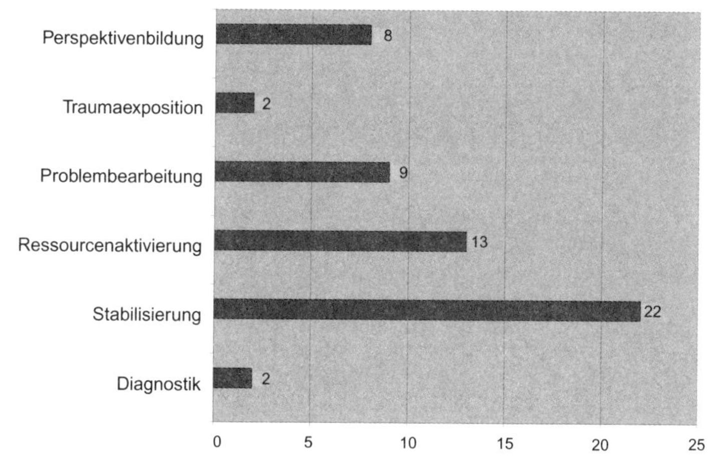

(n=21, Stichpunkte zu den Behandlungsschwerpunkten. Die unterschiedlichen Angaben wurden 6 Hauptgruppen zuordnet.)

Therapeutisches Gesamtkonzept

- Die Angaben zum Gesamtkonzept benennen unterschiedliche inhaltliche, strukturelle und theoretische Aspekte und können nicht ausgewertet werden.

- Informativ sind einzelne Angaben zur Funktion/ Aufgabe im Gesundheitssystem wie
  - Psychiatrie
  - Kriseninterventionsstation
  - Sozialpsychiatrie
  - Akutpsychiatrie
  - Traumastation für Frauen
  - Psychosomatik

- Und zum medizinisch - therapeutischen Hintergrund
  - Medizinisch - pharmakologisch
  - Verhaltenstherapeutisch
  - Tiefenpsychologisch - integrativ
  - Psychoedukation
  - Systemisch/Familientherapie
  - Psychodrama
  - Medizinisch-psychosomatisch
  - Tiefenpsychologisch
  - Psychodynamisch
  - Stabilisierungsgruppe nach Reddemann
  - Soziotherapie

(n=21)

Musiktherapeutisches Konzept

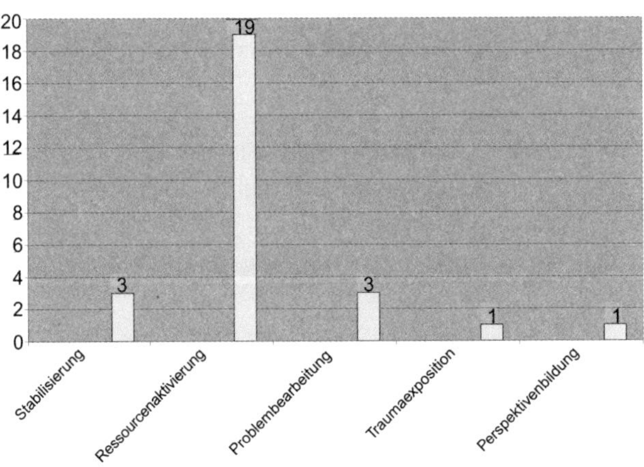

(n=21; deutlicher Schwerpunkt in der Ressourcenaktivierung, dem Erleben von Selbstwirksamkeit, Vitalität, Erlebnisfähigkeit, Ausdrucks- Kommunikations- und Beziehungsfähigkeit. Benannt werden außerdem Stabilisierung, Konfliktbearbeitung, Versprachlichen von emotionalen und nonverbalen Erlebnisinhalten, Traumaexposition und Perspektivenklärung)

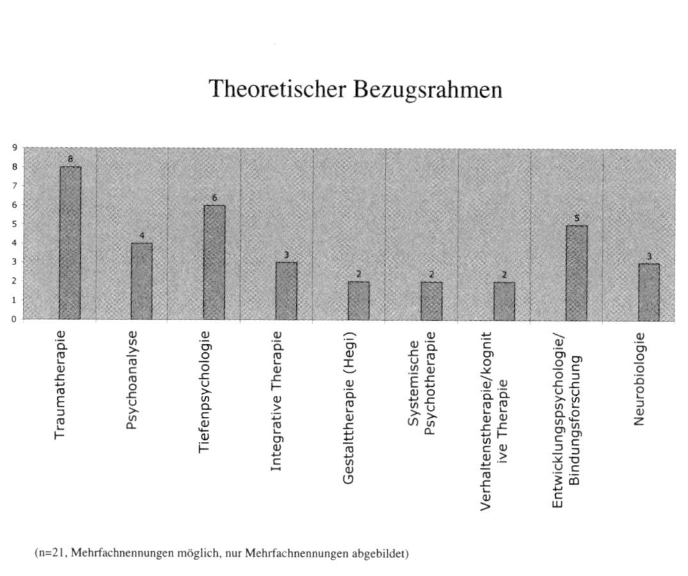

(n=21, Mehrfachnennungen möglich, nur Mehrfachnennungen abgebildet)

Zufriedenheit mit der Rolle der Musiktherapie im Gesamtkonzept

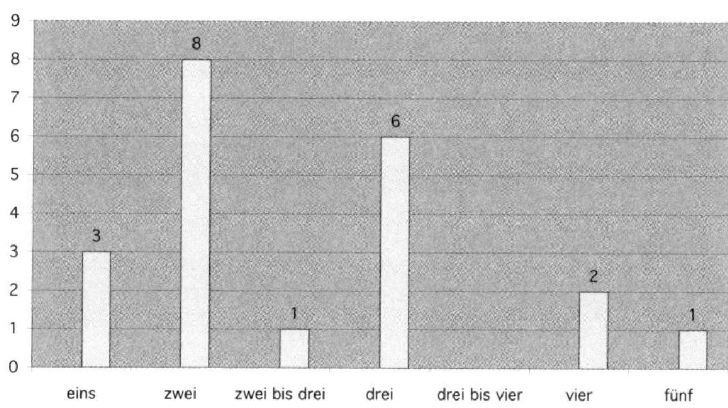

(n=21, 1 = zufrieden, 5 = unzufrieden)

Austausch und Kooperation im Behandlungsteam

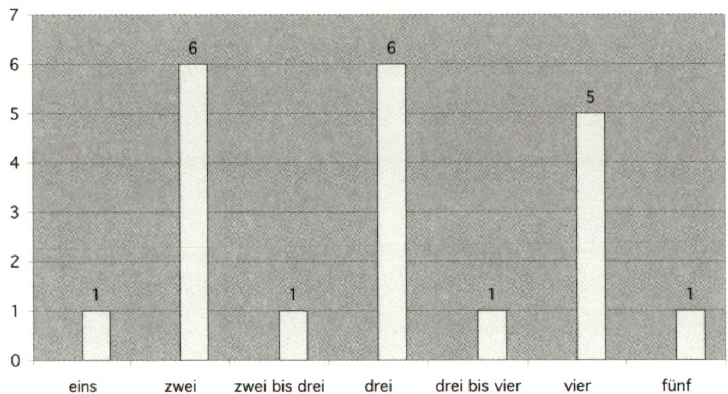

(n=21, 1 = sehr gut, 5 = ungenügend)

Zufriedenheit und Kooperation

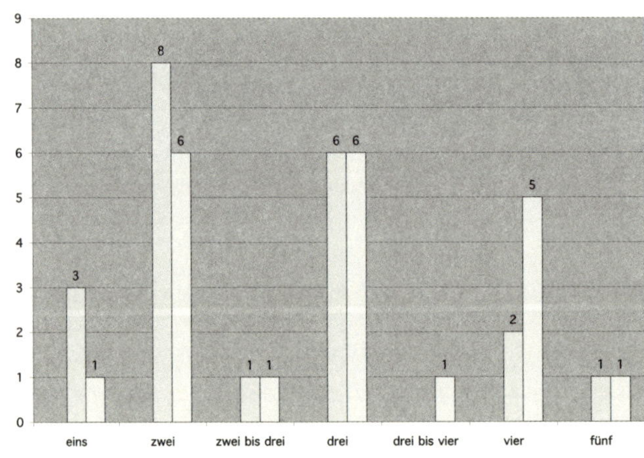

(n=21, 1 = sehr gut, 5 = ungenügend)

Anlage zum Autorenregister

Hanns-Günter Wolf

Dipl. Psychologe, Musiktherapeut (Musikhochschulen Wien), Psychotherapie (HPG); Gruppenanalytiker (DAGG), Weiterbildung in Traumatherapie (PITT). Seit 1989 klinische Tätigkeit in den Bereichen Psychosomatik, Erwachsenen-Psychiatrie und Kinderonkologie, Lehrtätigkeit an verschiedenen Fachhochschulen und Ausbildungsinstituten, freie Praxis.

Prof. Dr. Luise Reddemann

Nervenärztin und Psychoanalytikerin. Bis Ende 2003 Leitung der Klinik für Psychotherapeutische und Psychosomatische Medizin des Ev. Johannes-Krankenhauses in Bielefeld. Für die Behandlung von Menschen mit schweren Traumatisierungen entwickelte sie dort die „Psychodynamisch Imaginative Traumatherapie", PITT®. Honorarprofessorin für Psychotraumatologie Universität Klagenfurt.

Dr. Markos Maragkos

Diplompsychologe/Psychologischer Psychotherapeut, Traumatherapeut (DeGPT), Supervisor (AVM). Wissenschaftlicher Assistent im Department Psychologie, Lehrstuhl Klinische Psychologie und Psychotherapie, LMU München. Forschungsschwerpunkte sind einsatzbedingte Belastungen bei Polizei und Rettung. Therapeutische Tätigkeit im Akutbereich und bei komplexen Traumafolgestörungen. Zahlreiche Akuteinsätze nach Großschadenslagen.

Freihart Regner

Dipl.-Psych. Dr. phil., Dissertation über „Normatives Empowerment". Musik-Gestalttherapeut (Institut für Gestalttherapie und Gestaltpädagogik, IGG). Seit 2000 als Freier Mitarbeiter tätig bei XENION, psychotherapeutische Beratungsstelle für politisch Verfolgte e. V. Mitbegründer von Inter Homines, Empowerment und Therapie mit politisch Verfolgten e. V.

Monika Berkmann

Diplommusikpädagogin, Violalehrerin, Orffmusiktherapie, Musiktherapeutin, Musikerin, Paar- und Familientherapeutin (GaG), Lehrmusiktherapeutin, seit 8 Jahren Arbeit an der Kinder- und Jugendpsychiatrie Augsburg

Edith Zahler

Musiktherapeutin (Wien 1994), Weiterbildung Lehrmusiktherapie, Psychologin, Psychoanalytikerin in Ausbildung (C. G. Jung-Institut Zürich). Musiktherapeutische Tätigkeit am AUVA – Rehabilitationszentrum Meidling/Wien (Neurorehabilitation) und in freier Praxis.

Patricia Braak

Musiktherapeutin (priv.-rechtl. Diplom). Von 2000 bis 2003 Arbeit mit traumatisierten Kindern, Jugendlichen und jungen Erwachsenen am Pavarotti Music Centre, Mostar, Bosnien-Herzegowina. Seit 2004 am Behandlungszentrum für Folteropfer Berlin (bzfo), seit 2007 für catania gGmbH tätig (Therapie für traumatisierte Kinder und Jugendliche).

Thomas Jüchter

Dipl. Musiktherapeut/FH (NL), Transaktionsanalyse, seit 2001 als Musiktherapeut tätig im psychosomatisch/psychiatrischen Fachkrankenhaus Ginsterhof, 21224 Rosengarten, Schwerpunkt Traumatherapie, Gerontopsychosomatik,

Judith Sonntag

Dipl. Musiktherapeutin (FH) BVM, Heilpraktikerin für Psychotherapie, Leiterin für Heilpädagogischen Tanz. Seit 1999 als Musiktherapeutin in verschiedenen Praxisfeldern tätig. Freie Praxis.

Andreas Wölfl

Dipl. Musiktherapeut (FH), Kinder- und Jugendlichenpsychotherapeut, Supervisor (DGSv), Lehrmusiktherapeut (BVM). Seit 1989 Musiktherapeut in der Kinder- und Jugendpsychiatrie. Supervision, Coaching und Lehrmusiktherapie in freier Praxis. Lehrtätigkeit. Leitung der „Berufsbegleitenten Weiterbildung Musiktherapie“ des Institut für Musiktherapie am Freien Musikzentrum München (FMZ).

Literaturverzeichnis

Wolf

American Psychiatric Association. (2000). DSM IV, Diagnostic and Statistical Manual of Mental Disorders. (4rd ed.). Washington D. C.: American Psychiatric Association.

Besser, L. U. (2006): Unveröffentlichte Fortbildungsunterlagen zum Frotbildungscurriculum 2006–2008 des „Zentrums für Psychotraumatologie und Traumatherapie Niedersachsen (ZPTN)"

Fiedler, P. (2006) (Hrsg.): Trauma, Dissoziation, Persönlichkeit. Pierre Janets Beiträge zur modernen Psychiatrie, Psychologie und Psychotherapie. Lengerich: Pabst Science Publishers

Flatten, G.; Wöller, W.; Hofmann, A.; (2001): Therapie der posttraumatischen Belastungsstörung. Leitlinien Posttraumatische Belastungsstörung. Schattauer, Stuttgart.

Flatten, G.; Gast, U.; Hofmann, A.; Liebermann, P.; Reddemann, L.; Wöller, W.; Petzold, E. R. (2004): Posttraumatische Belastungsstörung – Quellentext. Schattauer, Stuttgart 2. erw. Auflage, (1. Auflage 2001)

Hofman, A. (2006a): EMDR Therapie psychotraumatischer Belastungssyndrome 3. Aufl., (1. Aufl. 1999). Stuttgart: Thieme

Hofman, A. (2006b): Psychotraumatologie – der Stand des Wissens und die Versorgungslage in: PiD – Psychotherapie im Dialog Heft 04 Pychotrauma 351–357. Stuttgart: Thieme

Huber, M. (2004). Wege der Traumabehandlung. Trauma und Traumabehandlung, Teil 2 (2. Aufl.). Paderborn: Junfermann.

Huber, M. (2005). Trauma und die Folgen. Trauma und Traumabehandlung, Teil 1 (2. Aufl.). Paderborn: Junfermann

ICD-10 (1991): Internationale Klassifikation psychischer Störung. Diagnosesystem der World Health Organisation (WHO, Weltgesundheitsorganisation). Derzeit ist der zehnte Version gültig (ICD-10)

Kessler, R. C.; Sonnega, A.; Bromet, E.; Hughes, M.; Nelson, C. B.: Posttraumtic stress disorder in the National Comorbidity Survey. Arch Gen Psychiatry 1995; 52:1048–60

Neuner, F.; Schauer, M.; Karunakara, U.; Klaschik, C.; Robert, C.; Elbert, T. (2004): Psychological trauma and evidence for enhanced vulnerability for PTSD through previous trauma in West Nile refugees. BMC Psychiatry, 4(1): 34

Nyberg, E. (2005): Die Posttraumatische Belastungsstörung (PTBS) in: psychoneuro 2005; 31, 25–29. Veröffentlicht in Thieme-connect unter http://www.thiemeconnect.com/ejournals/html/psychoneuro/doi/10.1055/s-2005-863097

Petzold, H. G.; Wolf, H. U.; Landgrebe, B.; Zorica, J. & Steffan, A. (2000): „Integrative Traumatherapie" – Modelle und Konzepte für die Behandlung von Patienten mit „posttraumatischer Belastungsstörung". In: van der Kolk, B. A.; McFarlane, C. & Weisaeth, L. (Hrsg.) (2000a): Traumatic Stress. Grundlagen und Behandlungsansätze. Theorie,

Praxis und Forschungen zu posttraumatischen Stress sowie Traumatherapie (445–579). Paderborn: Junfermann

Reddemann, L. (2004): Psychodynamisch Imaginative Traumatherapie. PITT – Das Manual (2. Aufl.). Stuttgart: Pfeiffer bei Klett-Cotta

Sachsse, U.; Özkan, I. & StreeckýFischer, A. (Hrsg.) (2002): Traumatherapie – Was ist erfolgreich? Göttingen: Vandenhoeck & Ruprecht

Van der Kolk, B. A. (1996): The Complexity of Adaptation to Trauma: Self-Regulation, Stimulus Discrimination, and Characterological Development. In: Van der Kolk, B.; McFarlane, A.; Weisaeth, L. (Hrsg.): Traumatic Stress: the effects of overwhelming experience on mind, body, and society (182–213). New York: Guilford Press

Van der Kolk, B. A. (2000): Trauma und Gedächtnis. In: van der Kolk, B.; McFarlane, A.; Weisaeth, L. (Hrsg.): Traumatic Stress. Grundlagen und Behandlungsansätze, 221–240, Paderborn: Junfermann

Van der Kolk, B. A.; McFarlane, A. C. & Weisaeth, L. (Hg.) (2000a): Traumatic Stress. Grundlagen und Behandlungsansätze. Theorie, Praxis und Forschungen zu posttraumatischem Stress sowie Traumatherapie. Paderborn: Junfermann

Weiß, R. (2005): Trauma und Musiktherapie – Ansätze und Wege in der (musik-)therapeutischen Behandlung psychisch traumatisierter Menschen. Diplomarbeit zum Abschluss des Ergänzungsstudienganges Musiktherapie am Institut Musiktherapie der UdK-Berlin Veröffentlicht bei MU-online unter http://www.musiktherapie.de/index.php?id=339

Reddemann

Bauer, J. (2000): Schreimutter. Weinheim: Beltz und Gelberg

Flatten, G.; Wöller, W.; Hofmann, A. (2001): Therapie der posttraumatischen Belastungsstörung. Leitlinien Posttraumatische Belastungsstörung. Stuttgart: Schattauer

Levine, P. A. (1998): Trauma-Heilung das Erwachen des Tigers; unsere Fähigkeit, traumatische Erfahrungen zu transformieren Essen: Synthesis

Quasthoff, T. (2004): Die Stimme – Autobiografie. Berlin: Ullstein

Reddemann, L. (2006): Überlebenskunst – Von Johann Sebastian Bach lernen und Selbstheilungskräfte entwickeln. Stuttgart: Klett-Cota

Spitzer, M. (2004): Musik im Kopf: Hören, Musizieren, Verstehen und Erleben im neuronalen Netzwerk. Stuttgart: Schattauer

Uvnäs-Moberg, K.; Arn, I.; Magnusson, D.: The psychobiology of emotion: the role of the oxytocinergic system, Int J Behav Med 2005, 12, 59–65

Watkins, J. G.; Watkins, H. H. (2003): Ego-States Theorie und Therapie. Heidelberg: Auer

Maragkos

APA (2003): Diagnostic and statistical manual of mental disorders: DSM-IV-TR: Fourth Edition – Text revision. Washington, D.C.: American Psychiatric Association, 2000. (Deutsch: Diagnostisches und statistisches Manual psychischer Störungen DSM-IV-TR. Göttingen

Brewin, C. (2005): PTSD: Disorder of Memory or Disorder of Identity. Vortrag, gehalten auf der 9. European Conference on Traumatic Stress (ECOTS), Stockholm, 18.–21. Juni 2005

Buber. M. (1995): Ich und Du. Ditzingen

Butollo, W.; Hagl, M.; Krüsmann, M. (2003): Kreativität und Destruktion posttraumatischer Bewältigung. München

Butollo, W.; Hagl, M. (2003): Trauma, Selbst und Therapie. Bern

Butollo, W.; Krüsmann, M.; Hagl, M. (2002): Leben nach dem Trauma. München

Butollo, W.; Maragkos, M. (2005): Angststörungen: Phänomenologie, Diagnostik und ein integrativer therapeutischer Ansatz. Psychotherapie im Dialog 4, 353–361

Butollo, W.; Rosner, R.; Wentzel, A. (1999): Integrative Therapie bei Angststörungen. Bern

Butollo, W. (2000): Therapeutic implications of a social interaction model of posttraumatic stress. Journal of Psychotherapy Integration 4, 357–374

Greenberg, L. S.; Rice, L. N.; Elliot, R. (2003): Emotionale Veränderung fördern. Grundlagen einer prozeß- und erlebensorientierten Therapie. Paderborn

Hermans, H. J. M.; Kempen, H. J.; van Loon, R. J. (1992): The dialogical self: Beyond individualism and rationalism. American Psychologist 1, 23–33

Hermans, H. J. M. (2001): The Dialogical Self: Toward a Theory of Personal and Cultural Positioning. Culture and Psychology 3, 243–281

Tedeschi, R. G.; Park, C. L.; Calhoun, L. G. (1998): Posttraumatic growth: Positive changes in the aftermath of crisis. Lawrence Erlbaum Associates

WHO (2004): Internationale Klassifikation psychischer Störungen (ICD-10). Diagnostische Kriterien für Forschung und Praxis. Bern

Regner

Arendt, A. (1943/1986): Wir Flüchtlinge. In: Zur Zeit: Politische Essays. Berlin

Arendt, H. (1949): Es gibt nur ein einziges Menschenrecht. In: Die Wandlung 4, 754–770

Arendt, H. (1955): Elemente und Ursprünge totaler Herrschaft. Frankfurt a. M.

Arendt, H. (1970): Macht und Gewalt. München, Zürich

Beisser, A. (1997): Wozu brauche ich Flügel? Ein Gestalttherapeut betrachtet sein Leben als Gelähmter. Wuppertal

Butollo, W.; Krüsmann, M.; Hagl, M. (1998): Leben nach dem Trauma. München

Dreitzel, H. P. (2004): Gestalt und Prozess: Eine psychotherapeutische Diagnostik oder: Der gesunde Mensch hat wenig Charakter. Bergisch Gladbach

Hegi, F. (1998): Übergänge zwischen Sprache und Musik: Die Wirkungskomponenten der Musiktherapie. Paderborn

Hegi, F. (2000): Gestalt-Musiktherapie. In: www.musik-gestalttherapie.de. (Zugriff: 16.10.05)

Herriger, N. (1997): Empowerment in der Sozialen Arbeit: Eine Einführung. Stuttgart u. a.

Herriger, N. (2004): www.empowerment.de. (Zugriff: 10.11.04)

IGG (2005): www.gestalt-musiktherapie.de (Zugriff: 16.10.05)

Höll, K. (1999): Politische, sozialpsychologische und ökologische Dimensionen der Gestalttherapie. In: Fuhr, R.; Streckovic, M.; Gremmler-Fuhr, M. (Hrsg.): Handbuch der Gestalttherapie. Göttingen u. a.

Lenz, A.; Stark, W. (Hrsg.) (2002): Empowerment: Neue Perspektiven für psychosoziale Praxis und Organisation. Tübingen

Petzold, H. G. (1999): Gestalttherapie aus Sicht der Integrativen Therapie. In: Fuhr, R.; Streckovic, M.; Gremmler-Fuhr, M. (Hrsg.): Handbuch der Gestalttherapie. Göttingen u. a.

Polster, E.; Polster, M. (1983): Gestalttherapie: Theorie und Praxis der integrativen Gestalttherapie. Frankfurt a. M.

Regner, F. (2005): Normatives Empowerment: Das Unrechtserleben bei politisch Traumatisierten aus der Sicht von Unterstützern im Therapieumfeld – Möglichkeiten psychosozialer und „therapeutischer" Bearbeitung. Dissertation. Freie Universität Berlin, Fachbereich Erziehungswissenschaft und Psychologie. www.diss.fu-berlin.de/2006/34

Regner, F. (2006): Normatives Empowerment: Eine konzeptuelle Grundhaltung für die psychosoziale und therapeutische Praxis mit politisch Traumatisierten auf der Wertebasis der Menschenrechte. In: Psychologische Medizin, 17. Jg., Nr. 2, 8–14

Regner, F. (2007): Zur Bedeutung Hannah Arendts für die (psychosozial-therapeutische) Menschenrechtsarbeit: Eine kritisch einführende Hommage. In: Ders.; Heckl, U. (Hrsg.): Politische Traumatisierung III: Menschenrechte, Recht, Gerechtigkeit. Zeitschrift für Politische Psychologie, Doppelheft

Regner, F. (in Vorbereit.): „Die einen heilen mich, die anderen bringen mich um": Musik-Gestalttherapie mit einem politisch traumatisierten Flüchtling auf der Basis von Normativem Empowerment". Basiert auf Abschlussarbeit (2005) am Institut für Gestalttherapie und Gestaltpädagogik (IGG), Berlin

Theunissen, G. (2002): Stärken-Perspektive und Empowerment: Impulse für die Behindertenarbeit. In: Lenz, A.; Stark, W. (Hrsg.): Empowerment: Neue Perspektiven für psychosoziale Praxis und Organisation. Tübingen

Zimmerman, M. A. (2000): Empowerment Theory. In: Rappaport, J.; Seidman, E. (Hrsg.): Handbook of Community Psychology. New York

Berkmann

Bettighofer, S. (1998/2000): Übertragung und Gegenübertragung im therapeutischen Prozeß, Stuttgart, Berlin, Köln

Fischer, G.; Riedesser, P. (2003): Lehrbuch der Psychotraumatologie. 3. Aufl., München, Basel

Hirsch, M. (1997): Schuld und Schuldgefühl. Göttingen

Hirsch, M. (2004): Psychoanalytische Traumatologie – Das Trauma in der Familie. Psychoanalytische Theorie und Therapie schwerer Persönlichkeitsstörungen. Stuttgart

Mentzos, S. (19987/1999): Neurotische Konfliktverarbeitung. Einführung in die psychoanalytische Neurosenlehre unter Berücksichtigung neuer Perspektiven. 16. Aufl., Frankfurt a. M.

Mertens, W. (1998): Psychoanalyse. Ein Handbuch in Schlüsselbegriffen. Weinheim

Sachsse, U. (2005): Traumazentrierte Psychotherapie. Theorie, Klinik und Praxis. Stuttgart

Stolorow, R. D.; Brandchaft, B.; Atwood, G. E.(1987/1996): Psychoanalytische Behandlung. Ein intersubjektiver Ansatz. Frankfurt a. M.

Streeck-Fischer, A. (2006): Trauma und Entwicklung. Frühe Traumatisierungen und ihre Folgen in der Adoleszens. Stuttgart

Timmermann, T. (2004): Tiefenpsychologisch orientierte Musiktherapie. Bausteine für eine Lehre. Wiesbaden

Winnicott, D. W. (1974/1995): Vom Spiel zur Kreativität. Stuttgart

Wöller, W. (2006): Trauma und Persönlichkeitsstörungen. Psychodynamisch-integrative Therapie. Stuttgart

Zahler

Baumann, M. (2004 a): Wo steht die Musiktherapie in der Neurorehabilitation? Musiktherapeutische Umschau 25, 45–56

Baumann, M. (2004 b): ZwischenWelten – eine Einführung. In: Baumann, M.; Gessner, C. (Hrsg.): ZwischenWelten. Musiktherapie bei Patienten mit erworbener Hirnschädigung. Wiesbaden

Baumann, M.; Gessner, C. (Hrsg.) (2004): ZwischenWelten. Musiktherapie bei Patienten mit erworbener Hirnschädigung. Wiesbaden

Bion, W. R. (1990): Lernen durch Erfahrung. Frankfurt a. M.

Burger, S. (2004): Trotz allem … lachen. Musiktherapie in der Frührehabilitation von Kindern und Jugendlichen im Wachkoma. In: Baumann, M.; Gessner, C. (Hrsg.): ZwischenWelten. Musiktherapie bei Patienten mit erworbener Hirnschädigung. Wiesbaden

Dilling, H.; Mombour, W.; Schmidt, M. H. (Hrsg.) (2005): Internationale Klassifikation psychischer Störungen – ICD-10, Kapitel V (F). 5. ergänzte Aufl., Bern, Göttingen, Toronto, etc.

Flatten, G.; Gast, U.; Hofmann, A. etal. (2004): Posttraumatische Belastungsstörung. Leitlinie und Quellentext. 2. aktualisierte Aufl., Stuttgart

Grunberger, B. (1976/2001): Vom Narzißmus zum Objekt. Gießen

Hannich, H.-J. (1999): Der musiktherapeutische Dialog als Zugang zum bewusstseinsveränderten Patienten auf der Intensivstation. In: Neander, K.-D. (Hrsg.): Musik und Pflege. München

Herman, J. (1997/2006): Die Narben der Gewalt. Traumatische Erfahrungen verstehen und überwinden. 2. Aufl., Paderborn

Hinshelwood, R. D. (1993/2004): Wörterbuch der kleinianischen Psychoanalyse. Stuttgart

Hofmann, A. (2006): EMDR in der Therapie psychotraumatischer Belastungssyndrome, 3. überarbeitete Aufl. Stuttgart

Huber, M. (2004): Wege der Traumabehandlung. Trauma und Traumabehandlung, Teil 2. Paderborn

Huber, M. (2005): Trauma und die Folgen. Trauma und Traumabehandlung, Teil 1. Paderborn

Jochheim, M. (2004): Einfach da sein dürfen – Musiktherapie mit bewusstseins- und wahrnehmungsgestörten Patienten. In: Baumann, M.; Gessner, C. (Hrsg.): ZwischenWelten. Musiktherapie bei Patienten mit erworbener Hirnschädigung. Wiesbaden

Jochims, S. (1991): Krankheitsverarbeitung und freie Improvisation. Zur Funktion aktiver Klanggestaltung am Beispiel der Trauerarbeit. Musiktherapeutische Umschau 12, 4–20

Jochims, S. (1997): Emotionale Krankheitsverarbeitungsprozesse in der Frühphase erworbener zerebraler Läsionen. In: Fitzthum, E.; Oberegelsbacher, D.; Storz, D. (Hrsg.): Wiener Beiträge zur Musiktherapie, Bd. 1. Wien

Kast, V. (1984): Trauer – Phasen und Chancen des psychischen Prozesses. Stuttgart

Klein, M. (1946): Bemerkungen über einige schizoide Mechanismen. In: Klein, M. (2000): Gesammelte Schriften, Bd. III. Schriften 1946–1963. Stuttgart, 1–41

Klein, M. (1948): Beitrag zur Theorie von Angst und Schuldgefühl. In: Klein, M. (2000): Gesammelte Schriften, Bd. III. Schriften 1946–1963. Stuttgart, 43–70

Klein, M. (1958): Zur Entwicklung psychischen Funktionierens. In: Klein, M. (2000): Gesammelte Schriften, Bd. III. Schriften 1946–1963. Stuttgart, 369–386

Kohut, H. (1971): Narzißmus. Frankfurt a. M.

Lunau, K. (2004): Resonanz als Wirkfaktor in der musiktherapeutischen Arbeit mit Schädel-Hirn-Verletzten. In: Baumann, M.; Gessner, C. (Hrsg.): ZwischenWelten. Musiktherapie bei Patienten mit erworbener Hirnschädigung. Wiesbaden

Oder, W.; Wurzer, W. (2006): Das Schädel-Hirn-Trauma. In: Lehrner, J.; Pusswald, G.; Fertl, E. et al. (Hrsg.): Klinische Neuropsychologie. Grundlagen – Diagnostik – Rehabilitation. Wien, New York

Prosiegel, M. (2007): Neuropsychologische Störungen und ihre Rehabilitation. 4. überarbeitete Aufl., München, Bad Kissingen, Berlin, etc.

Reimold, S. (2004): Auf der Suche nach einem neuen Selbst-Bild. Krankheitsverarbeitung nach einem Schlaganfall. In: Baumann, M.; Gessner, C. (Hrsg.): ZwischenWelten. Musiktherapie bei Patienten mit erworbener Hirnschädigung. Wiesbaden

Reddemann, L. (2005 a): Imagination als heilsame Kraft. Zur Behandlung von Traumafolgen mit ressourcenorientierten Verfahren. 11. Aufl., Stuttgart

Reddemann, L. (2005 b): Psychodynamisch Imaginative Traumatherapie. PITT – Das Manual. 3. Aufl., Stuttgart

Samuels, A. (1994): Vielgestaltigkeit der Seele. Von der Notwendigkeit innerer Demokratisierung. Zürich

Schuster, P.; Springer-Kremser, M. (1997): Bausteine der Psychoanalyse. Eine Einführung in die Tiefenpsychologie. 4. überarbeitete Aufl., Wien

Zieger, A. (1996): Dialogaufbau in der Frühphase mit komatösen Schädel-Hirn-Verletzten. In: Lipp, B.; Schlaegel, W. (Hrsg.): Wege von Anfang an. Frührehabilitation schwerst hirngeschädigter Patienten. Villingen-Schwenningen

Verwendete Musik

Bravo (2005): Bravo Hits 51. Compact Disc
Lied: La camisa negra“

Rammstein (2004): Reise, Reise. Compact Disc
Lied: „Mein Teil“
Lied: „Stein um Stein“

Braak

Braak, P. (2006): Interkulturelle Musiktherapie. In: Musiktherapeutische Umschau Bd. 27/2006 (3), 249–254

Zharinova-Sanderson, O. (2002): Therapie in Musik: Entdeckungen, Probleme und Ideen aus der Musiktherapie mit Folterüberlebenden und traumatisierten Flüchtlingen. In: Birck, A.; Pross, C.; Lansen, J. (Hrsg.): Das Unsagbare. Berlin, 107–122

Zharinova-Sanderson, O. (2004): Promoting Integration and Socio-Cultural Change: Community Music Therapy With Traumatized Refugees in Berlin. In: Pavlicevic, M.; Ansdell, G. (Hrsg.): Community music therapy. London, 233–48

Sonntag/Jüchter

Bolterauer, J. (2006) „Psycho – Z Psychoanal 60, 1173–1204)

Wölfl

Brisch, K. H.; Hellbrügge T. (Hrsg.), (2003): Bindung und Trauma. Stuttgart

Hüther, G. (2002): Die Folgen traumatischer Kindheitserfahrungen für die weitere Gehirnentwicklung. Internet: http://www.agsp.de/html/a34.html

Hüther, G. (2005): Wohin, weshalb, wofür? Über die Bedeutung innerer Leitbilder und Orientierungen für die Nutzung und Strukturierung des menschlichen Gehirns. Internet: www.existenzanalyse.co.at

Reddemann, L. (2001): Imagination als heilsame Kraft. Stuttgart

Reddemann, L. (2004): Psychodynamisch Imaginative Traumatherapie. PITT – Das Manual. Stuttgart

Sachsse, U. (1998): Modethema Trauma – ein Vortrag von Prof. Dr. med. Ulrich Sachsse. Internet: http://spiritsofsurvival.opfernetz.de/sachsse1.htm

Sachsse, U.; Özkan, I.; Streek-Fischer A. (Hrsg.) (2004), Traumatherapie – was ist erfolgreich? Göttingen

Weiß, R. (2005): Trauma und Musiktherapie – Ansätze und Wege in der (musik) therapeutischen Behandlung psychisch traumatisierter Menschen. Unveröffentlichte Diplom-Arbeit, UdK – Berlin